LINE公式アカウント

史上最強の成功テクニック

THE STRONGEST SUCCESS TECHNIQUE EVER

スマホだけでV字回復させた企業は120社以上

堤 建拓［著］

秀和システム

はじめに

　「LINE 公式アカウントは中小企業の課題を全て余すことなく解決できる唯一無二のツールだ！」
　私はそう確信しています。

　もしあなたが現時点で LINE 公式アカウントを単なる「集客ツール」や「配信ツール」とだけ捉えているなら、この先をもう少し読み進めてください。

　私はすでに直近 1 年間でも約 150 個の LINE 公式アカウントを立ち上げることに携わっていますが、これほどまでに企業の課題を余すところなく、しかも簡単に解決できるツールを他には知りません。

　企業が LINE 公式アカウントを活用する大きな目的として、「利益を増やす」ことがあげられます。
　そして企業が「利益を増やしていく」ことを細分化していくと、一例として次のようなことが考えられます。

・新規のお客様を増やす
・リピートのお客様を増やす
・広告を出稿して認知拡大を図る
・余分なコストを削減する
・客単価を上げる
・成約率を向上させる
・従業員を採用して規模の拡大を図る

　この他にも細かく見ればもっともっと項目は考えられるでしょう。業種業態によってはまだまだたくさんあるかと思います。

　私がここで伝えたいのは、この全ての課題に対して、LINE 公式アカウントを使って解決できるということです。

売上UPや利益を残すために活用できるSNSツールでいうと、他には Instagram や Twitter などが代表的なものとしてあげられます。しかし、こうした他のSNSは、新規集客や認知にはよいですが、リピートをしてもらうのには不向きというような特徴があります。

　その点、LINE公式アカウントは超万能。使い方次第では、新規集客にもリピート率改善にも、あらゆる企業の課題に対応することができるのです。

　この意味は本書の中でかなり具体的に解説していきますので、ぜひ楽しみにしてください。

　もう1点、LINE公式アカウントを自社のビジネスに活用することで、さらに大きなメリットがあります。

　それは、「LINE公式アカウントを使って課題解決をしようとすることで、改めて自社の課題に経営者自身が向き合って考える時間が生まれること」です。これこそが私は大事だと思うのです。

　私のもとにも日々、
　「LINE公式アカウントを制作してほしい！」
　「LINE公式アカウントの活用サポートをしてくれないか？」
という問い合わせがたくさん入ります。

　そんな社長たちに私はこう問いかけます。
　「LINE公式アカウントを作る目的はなんですか？」
　「どんなターゲットに向けてどんな配信をしていきますか？」

　初回の商談でこのように尋ねると意外にも、
　「なんとなく作った方がよさそうだから」
　「まだターゲットや配信がはっきり決まっていない」

という回答が意外にもたくさん返ってくるのです。

　これは何も社長たちが自社のことを考えていない、と言っているわけではありません。中小企業の経営者は日々、目の前の仕事に追われ、なかなかこ

うした戦略についてまとまって考える時間がないのが実情でしょう。

　LINE 公式アカウントを運用することは、企業のあらゆる施策について、再度考える有用な時間になります。

　ターゲットや理想の顧客が決まらなければ、配信の内容も定まりません。

　自社の課題がわからなければ、LINE 公式アカウントのどのような機能を注力して活用すべきなのかもわかりません。

　私も自分自身、LINE 公式アカウントを使ってビジネスをしていなければ、改めてここまで深く戦略を練ることに時間を費やしていなかったかもしれません。

　そして LINE 公式アカウントを知らなければ、新規集客はこの手段、リピートはあのツール、人材採用はこれを使って……というように、それぞれの施策を別のツールや手段でバラバラに行い、非常に効率が悪かったでしょう。

　LINE 公式アカウントを使って一元化し、全てをたった 1 つのツールで解決できたら、どんなに効率化され、会社に利益を残していくことができるでしょうか。

　私はありとあらゆる会社の課題を全て LINE 公式アカウント 1 つで解決している、と言っても過言ではありません。LINE 公式アカウントの素晴らしさを 1 人でも多くの方と共有したい！この想いがあり、今回 4 冊目の LINE 公式アカウント関連書籍の筆を執ることになりました。

　ここまで「はじめに」を読んでくださった皆様も、会社の利益をもっと残していくために、これを機に改めてご自身の会社の戦略を見直すきっかけとしていただければ幸いです。

　そして LINE 公式アカウントを 120% 活用していき、あなたのビジネスを飛躍させていきましょう！

2021 年 2 月

堤　建拓

LINE 公式アカウント
史上最強の成功テクニック

第2章 本邦初公開！
すぐに効果が実感できる簡単テクニック

第3章　多業種に渡る最新事例！
課題と解決方法を徹底解説

第4章　LINE公式アカウントは不況に負けないための
最強のツールだ

第1章

誰もが知っておきたい
LINE 公式アカウント
運用戦略

1-1

LINE 公式アカウントの罠？
配信しても成果が出ない理由はこれ！

LINE 公式アカウントで配信をしても成果が出ない。これにはいくつかの原因が考えられますが、実はその原因こそ、最も基本的かつ根本的な部分であることが大いにあるのです。このパートでは、改めて自社の根幹を成すものを一緒に振り返っていきましょう。

「誰に」「何を配信し」「何を売るのか」を明確にする

LINE 公式アカウントの1番の醍醐味と言えば、やはり配信です。この配信の内容を考えるときに、絶対にブレてはいけないものがあります。それが「ターゲット」と「目的」です。これは「どんなターゲット（＝誰）」に「何を売るのか」と言い換えることもできます。

ターゲットに関しては、なるべく具体的にイメージをしましょう。あなたが狙っていく理想の顧客像で大丈夫です。これをペルソナと言ったりしますが、例えば、私の会社（LINE 公式アカウント制作の会社をしています）の事例でお伝えをしますと、ペルソナは以下のようになります。

" 年商 10 億円規模の買取ビジネスをしている会社社長。年齢は 40 歳。愛知県で 6 つのリアル店舗があり、一般消費者から不要になった家電やブランド品等を買取、販売。社長のネットリテラシーは低くなく、人柄も抜群にいい。地域で愛されるビジネスを展開。"

　ポイントは様々ありますが、例えば、ビジネスの規模感。

　私の会社の平均顧客単価は約 60 万円です。この 60 万円で LINE 公式アカウントの制作や運用をサポートします。もし私がペルソナを起業 1 年目のビジネスをスモールスタートで始めたばかりの方にしていたらどうでしょうか？もしかしたらこれは顧客単価があっていないかもしれないですよね。

　このように自分が売りたい商品を「誰が」喜んで買ってくれるのかを熟慮します。

　ペルソナをしっかり定めることはビジネスをする上での超基本です。しかし、ここが定まっていないと、何を配信しても相手に刺さる配信はできません。これを機に改めてしっかりまとめてみることをおすすめします。

　ちなみにですが、私が前述の方をペルソナにしている理由は他にもありますので、列挙いたします。

・買取ビジネス＝過去に LINE 公式アカウント制作の知見があり、ビジネスのイメージも湧きやすいから
・40 歳➡ネットからの集客の知見もほどよくある世代で話しやすいから
・リアル店舗が 6 つある➡ LINE 公式アカウントはリアル店舗がある方が成功しやすい、また複数の店舗があることで複数アカウント導入してもらえる（＝単価が上がる）から
・ネットリテラシーは低くない➡あまりに低いと、LINE 公式アカウントの導入説明に苦労するから
・人柄がいい➡ LINE 公式アカウント運営上、社長の「キャラ」を出していくと成功しやすいので、社長の人柄は大事だから

　ご参考までに私がお客様の LINE 公式アカウントを制作するときに使用しているペルソナ確認シートがありますので、ぜひご活用なさってください。こちらの QR コードからダウンロードできるようになっています。

▼ペルソナ確認シート
　ダウンロード QR コード

1-2

ポイント① LINE 公式アカウントで何を改善したいのか課題を明確にする

「LINE 公式アカウントと言えば、配信でいかに売上を上げていくか」そんな大雑把なイメージを持ってしまっていると、100% 活用することはできません。まずは自社のどの部分がビジネス上の課題であるかを明確にしましょう。その課題さえクリアになれば、あとは LINE 公式アカウントを活用するだけです。どんな課題でも解決に導いてくれます。

自社にとっての課題を明らかにし、改善する

本書は全ての事業における課題を LINE 公式アカウントを使って解決しよう！というコンセプトで書かれています。

至極当たり前の話なのですが、まずは自社の課題・マイナス面がどこにあるかをしっかり分析する必要があります。自社の課題を深掘りせずして、事業を進めていくのは危険です。

「LINE 公式アカウントを使って売上を UP させたいです。」

私のもとにも日々、このような問い合わせがたくさん寄せられます。そして私はこの質問に対して、次のように問います。

「では●●さんは LINE 公式アカウントを使って、どんな事業課題を解決したいですか？」

このように問うと、肌感覚で 8 割以上の経営者の方は、答えられないか、曖昧にしか答えがないというのが現状です。皆さん、LINE 公式アカウントが「なんとなく」使えそうだから、「なんとなく」活用しようとしか思っていないのです。

例えば、月に新規顧客が 150 名来店される地域密着の美容室があるとしましょう。もちろん店の規模にもよりますが、地域密着の美容室で月に 150 名の新規顧客が訪れているのであれば一般的には十分な数字と言えるでしょう。

　では逆にこの150名のうち、15名しかリピートがされないとしたら？　リピート率は10%程度です。一般的に美容室のリピート率は30%程度と言われています。つまり、この場合は新規に対して、明らかにリピート客が少ないと言えます。課題は新規集客ではなく、リピート率にあることは誰の目に見ても明白でしょう。

　この美容院では、リピート率がまさに事業の課題、「不」や「マイナス」部分でした。こう言われてみると、リピート率に着目するのは当たり前の話です。しかし、私がLINE公式アカウントの話を中小企業の経営者と話していると、意外と盲目になり、新規集客のみに焦点が当てられているケースも珍しくないのです。今一度、自社の課題とは何かを書き出してみましょう。

　そして課題は、このようにわかりやすい「リピート」や「新規集客」ばかりが課題ではありません。ここで1つワークをしてみましょう。図を参考にして、どんなに細かいことでもいいので、あなたが日頃感じている事業における「不」や「マイナス」面をなるべくたくさん書き出してみてください。

▼株式会社マーケリンクが思う日頃の課題

新規集客
・LINE公式アカウントの友だち追加を200%UPさせたい
・問い合わせいただけるクライアントに適切なパートナーを自動でアサインしたい

リピート
・満足いただいたクライアントから他社を紹介していただける仕組みを作りたい

客単価
・低価格帯（20〜30万/1社）の受注件数を増やしたい

商品設計
・企業が安価でLINE公式アカウントの担当者を育成できる内製化プログラムを作りたい

顧客満足度
・1社あたりさらに長く付き合っていただけるような価値を提供したい
・クライアントからよくある質問をまとめて効率的に回答したい

採用
・採用するにも手間と時間がかかり、なかなか募集告知ができない

組織化
・提携パートナーやスタッフの知識・業務レベルを向上させたい

図は一例です。細かければ細かいほどLINE公式アカウントを用いて具体的に解決できる可能性が高くなります

そしてその書き出した紙を横に置き、本書を読み進めていく上で、これは解決できそうだ！　と思ったら、解決策をさらにそこに書き出すことをおすすめします。最初は解決策のイメージがわからないかもしれませんが、徐々に「この課題は LINE 公式アカウントで解決できるかもしれない！」と思うようになるかと思います。

課題を明確にし、LINE 公式アカウント活用で解決した事例

　以前、私の会社で実際にあった事例をお伝えします。定期的に当社では LINE 公式アカウントの活用をお伝えする初級者向けのセミナーを開催しています。このセミナーの申し込みは WEB 上の参加フォームに記入していただいた後、メールにて詳細の連絡が自動返信されるようになっていました。

　ところが、セミナーに申し込んでくれたにも関わらず、メールでやりとりしていたこともあり、連絡がつかず当日無断キャンセルや未入金が相次いでいたのです。また、スタッフによる入金の確認や該当者への催促連絡も多く、余分な人件費が発生しており、課題となっていました。

　私はこの「不」・「マイナス」部分を LINE 公式アカウントで解決できないかを考えました。もちろんメールでも入金確認から該当者への催促連絡を全て自動で行うことは物理的には可能です。

　しかし、そもそもですがメールでのやりとりはセミナー参加者にとっても面倒なものです。そしてメール自体を見ない人も最近ではかなり増えています。一方で、今やLINE はメッセージがきたら誰もがすぐに確認することができます。

　セミナー参加までにワクワクしてもらえるような配信を LINE 公式アカウントから行えば、キャンセル率も下がるかもしれません。そして LINE 公式アカウントでも申し込みページと連携をして未入金の方だけに自動的に入金催促の配信もできるようにしたらスタッフの手間もかかりません。

　実際に未入金の方だけにメッセージが自動的に送れるの？　と思われるかもしれませんが、LINE 公式アカウントではこちらも可能です。

　私の会社でもこの方法を採用し、結果的に無断キャンセルや未入金が大幅に減りました。そして全て自動的に流れるような設定をしたため、事務連絡のコストも大幅に削減できたことが何より大きいです。この自動化について、詳細は後述いたします。

　こと自身の会社や事業になると、途端に目の前が見えなくなってしまうことは往々にしてあります。ぜひ今一度、自身のことを「鳥の目」で俯瞰してマイナス面を書き出してみてください。

ポイント② LINE 公式アカウントで何ができるかを知り、課題解決方法を考える

1-2 では自社の課題を書き出し、それをどう改善していくか棚卸ししてみることを学びました。LINE 公式アカウントはあらゆる課題を解決できる万能ツールではあります。具体的にどのようなことができるのかを知るとさらにイメージがわきます。ここでは LINE 公式アカウントで可能なことを見ていきましょう。

LINE 公式アカウントで実現可能なこと 8 選

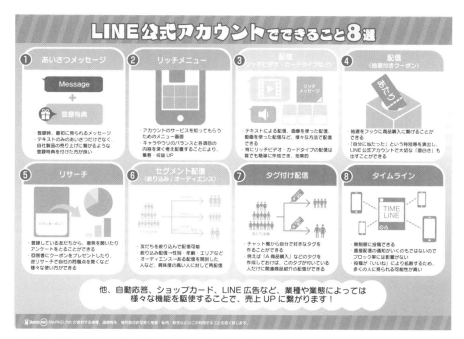

LINE 公式アカウントでできることの大枠を捉えておきましょう

15 ページの図は私が独自に作成した LINE 公式アカウントでできることを大きく８つに分けたものです。こちらをもとにしながら、LINE 公式アカウントで何ができるのかを理解していただくと、より一層、自社の課題解決に役立ちます。１つずつ解説します。

❶あいさつメッセージ
　LINE 公式アカウントの友だち追加後、最初に流れるメッセージのことです。何か登録特典（プレゼント）がもらえるようにあいさつメッセージを設定しておくことで、「この LINE 公式アカウントを追加しよう！」と登録者に思っていただくことができ、友だち集めに効果ありです。

❷リッチメニュー
　LINE 公式アカウントの「顔」とも言える部分です。自社の紹介やどんなサービスを販売しているかを掲載できるメニュー画面のことを言います。あらゆる情報を掲載できるため、リッチメニューがあることで、LINE 上の「小さなホームページ」「ミニアプリ」と位置づけることができます。

❸配信（リッチビデオメッセージ・カードタイプメッセージ）
　テキストによる配信、画像・動画を使った配信など様々な方法で登録者に情報を届けることができます。特に動画によるリッチビデオメッセージ、カードタイプメッセージと呼ばれる横にカードが連なった配信は操作も簡単で効果的なため、重宝されています。

❹配信（抽選付きクーポン）
　「あたり」「はずれ」のくじ引きのような演出を伴った配信が可能です。こうした抽選をフックに商品購入につなげたり、配信に「面白さ」を加えたりすることが LINE 公式アカウントの運用上では大切になってきます。

❺リサーチ
　登録している友だちにアンケート調査を行うことができます。自社商品に興味のある方にアンケートがとれるのはかなりの強みです。リサーチ結果を自社商品の改善に活かす等、幅広い活用法が考えられます。

❻セグメント配信

　一斉に配信するだけでなく、送る相手を自在に絞り込んで配信ができます。絞り込みには、性別・年代・エリアなどの属性によるものと、オーディエンスと言い、過去の配信をタップした方だけに送るものがあります。

❼タグ付け配信

　こちらはセグメント配信と似ていますが、自分で選択した方やグループだけに配信が可能になります。例えば、登録者に「お得意様」という"タグ"をつけておくと、その「お得意様」というタグがついている方だけに配信ができます。

❽タイムライン

　LINE公式アカウントは配信だけではなく、実はFacebookやInstagramのように投稿をする場所があります。「いいね」を押してもらえる機能もあり、「いいね」が押されると、直接の友だち登録者だけでなく、その登録者の繋がっている方にも投稿が拡散されます。

　ざっと見てきましたが、この他にも、ポイントカードの機能を備えた「ショップカード」や友だちを有料で集めていく「LINE友だち追加広告」などあらゆる機能が存在します。

　今の段階では「ふ〜ん、こんなことができるんだ」くらいの大枠で捉えていただければ大丈夫です。本書の中で機能を具体的にどのように使うかを記していきます。

LステップというLINE公式アカウントの 上級機能も知っておこう

　ここまではLINE公式アカウントを俯瞰的に見ました。LINE公式アカウント1つとっても、あらゆる機能が備わっていることが確認できたかと思います。

　ここでさらにおさえておきたいのは、LINE公式アカウントを「拡張する」機能です。例えば、友だち登録者が男性であるか、女性であるかによって、リッチメニューの表示を変えたい！　と思ってもLINE公式アカウント単体であると、実現は難しいです。（2021年3月現在）

しかし、ここに LINE 公式アカウントの機能を拡張する「L ステップ」というツールを入れます。すると、LINE 公式アカウントの機能が拡張され、LINE 公式アカウントだけではできなかったほぼ全てのことが可能になります。わかりやすく数字で表現すると、LINE 公式アカウントでできることを 10 とするならば、L ステップを入れるとその数字は 100 となります。

L ステップでは万能なツールでありながら、月額の使用料も 2,980 円〜と個人事業主や中小企業でも手を出しやすい価格帯です。本書ではこの L ステップが入っていることによって実現可能な施策も多数記述していきます。ここでは L ステップが入っていることによって実現可能になることを同様に見ていきましょう。

▼LINE 公式アカウントと L ステップの関係

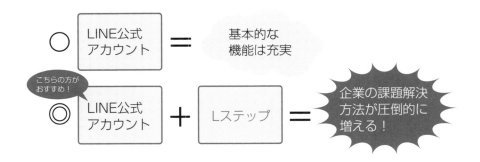

❶ステップ配信
　予め作成・登録しておいた配信が友だち登録日に関係なく、順に送られていく配信です。「この商品を売りたい」という目標があれば、それに沿った配信をしていくことで、最短で商品を買っていただくことが可能になります。

❷セグメント配信
　LINE 公式アカウントでも可能ですが、送る相手を絞り込むことがより一層細かく可能になります。例えば、「あるボタンを押した人だけに送る」や「よく配信をタップしている上位の方だけに送る」などです。

Lステップでできることの大枠を捉えておきましょう

❸顧客管理

　友だち登録されると、その方だけの顧客管理ページが自動で生成されます。自分で確認したい項目（法人名・メールアドレス・どんな顧客かなど）を自由に設定して、管理することができます。

❹登録者の把握

　友だち登録された時点で、その方の LINE のアイコンと LINE ネームが確認できます。さらにどの配信をタップしたか、どのボタンを押したかなど行動履歴も全てチェックできるようになります。

❺チャットボット

　予め設定しておいたチャットを LINE 上で自動会話しているような仕組みにできます。こちらを組み込むことで、LINE 上のミニアプリのような仕様になります。詳細は後述します。

❻回答フォーム

　申込フォームやアンケートを LINE 公式アカウント上で生成できます。記入された情報は自動で顧客管理ページにも反映されます。

❼セグメントリッチメニュー

　友だちや条件によってリッチメニューの内容を変えることができます。例えば、1つのアカウント内でお客様用とスタッフ用のリッチメニューを変えるなど LINE 公式アカウントの使い勝手が広がります。

❽流入経路分析

　その友だちがどこから登録されたのかがわかります。例えば媒体 A と媒体 B で同じくらいの予算を投下、どちらの媒体がより友だちを集められているか分析をすると、費用対効果の計測ができます。

　LINE 公式アカウント同様に L ステップの機能についても大枠を見てきました。冒頭部分の繰り返しになりますが、ここではざっくり LINE 公式アカウントや L ステップでどのような機能があるのかを知るだけで大丈夫です。

　このイメージがのちに自社のビジネスの改善と結びついてきます。L ステップについてもっと知りたいよ！　という方はこちらに QR コードを載せておきますので、公式ページからチェックしてみてください。

▼L ステップについての詳細はこちら

フレキシブルな思考が大切

　　LINE 公式アカウントのサポートをしているとよく、「LINE 公式アカウントは BtoC では使えるイメージですが、BtoB には使えませんよね？」という質問をいただくことがあります。

　この質問の回答は、「BtoB にも使える」です。例えば、私は前職で「英会話スクールのコンサルティング」をしておりました。これはある種 BtoB です。

　ところが、管理するスクールの数が 57 教室と大変多いにも関わらず、スクールの先生・オーナーとやりとりするのは電話でした。これでは 57 教室に対して、一斉に送りたい情報があったとしても、送ることはできません。私自身、これは悩みとして抱えていました。

　そこで LINE 公式アカウントの導入です。スクールの関係者に登録してもらえれば、私から一斉配信ができます。このように企業の「お悩み」や「課題」を網羅的に解決できるのが LINE 公式アカウントです。そのため、「BtoC だから使える」「BtoB だから使えない」ということではありません。自社の課題を LINE 公式アカウントで解決できないか、ぜひフレキシブルに思考してみましょう。

1-4

ポイント③ 現場での運用をイメージし、事前に設計図を書く

家を建てる時に、設計図を書かずに建て始める人はいません。設計図を書かずにいきなり家を作り始めたら、イメージとは異なったものができあがってしまいます。家づくりと同様に LINE 公式アカウントも設計図を作成することが大事です。実際にどのように運営するかポイントをおさえながら設計図を書くことで、スムーズな LINE 公式アカウント運用ができるようになります。

1-1 では、「誰に何を配信して何を売りたいのか」を明確にすること、1-2 では、自社の課題を明らかにすることをお伝えしました。これをイメージしながら設計図に落とし込みましょう。

例えば今回は、飲食店（ステーキ店）が LINE 公式アカウントを活用するイメージで設計図を書いてみます。

まずは前提条件を記しました。

誰に：たまたまふらっとお店に来てくれた一見さん
何を配信して：自分の店舗のファンになってくれるような配信
何を売るのか：もう 1 度店舗に来てもらい食べてもらうこと・テイクアウトメニュー
自社の課題：リピート率（1 回目➡2 回目来店率）を上げること・客単価を上げること

これに加え、私であれば次の図のような設計図を手書きでイメージします。

▼ステーキ店のあいさつメッセージとリッチメニュー設計図

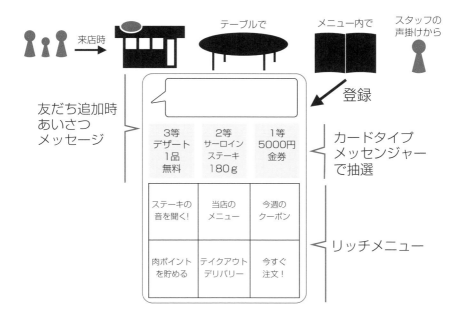

　このときポイントになるのは、あいさつメッセージとリッチメニューです。

　あいさつメッセージは、「どのような気持ちの方がどこから登録するか」がとても大切です。例えば、この LINE 公式アカウントがテーブルに座ったときやメニューを見ているときなどの店舗内で登録されるのか、それとも何かのチラシや自社の SNS アカウントで宣伝しており、そこから登録されるのかによっても、全くあいさつメッセージの内容が異なってきます。

　店舗内で登録されるのであれば、1 度すでに店舗にいらしたお客様をもう 1 度来店していただくためのあいさつメッセージになるでしょう。逆に何かのチラシや自社の SNS での登録であれば、まだ店舗に来たことのない方にいかに訴求して店舗に来てもらうかのあいさつメッセージにする必要があります。

　リッチメニューとは、LINE 公式アカウント内で店舗の様々な情報が掲載できる場所のことです。ステーキ店であれば、「スタッフの紹介」「一押しメニュー」「今月のイベントやクーポン」などが考えられます。

このときボタンを押したらどんな挙動を示すのか、複雑になりそうな場合はマインドマップを使うと便利です。マインドマップとは自分の思考を整理するときに使うツールですが、これが LINE 公式アカウントの設計図としても大いに役立ちます。

▼リッチメニュー部分の挙動をさらに細かく示した設計図の一部

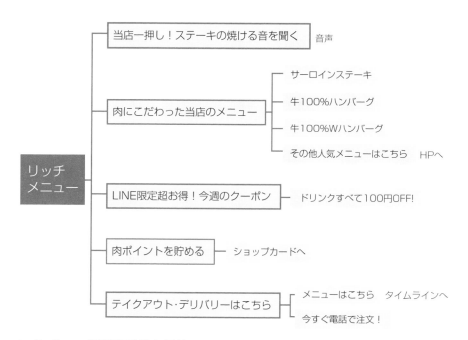

マインドマップは設計図制作に便利です

　図は私が前述の LINE 公式アカウントを設計するときに用いたマインドマップの一部です。この設計図はリッチメニューをタップしたら、どのような挙動をするかを示しています。このように、マインドマップを使うことで作成イメージが明確になります。マインドマップには「Xmind」や「MindMaster（マインドマスター）」などいくつかのツールがありますが、私は「MindMeister（マインドメイスター）」というツールを使っています。この図の作成にかかった時間はわずか 10 分程度です。
　LINE 公式アカウント作成時以外にも、思考の整理をする際、便利なツールですので、気になる方はぜひ使ってみてください。

配信は下手で良い！
売れるポイントは企画が 9 割

　LINE 公式アカウントで配信をするとなったら、ついついかしこまった配信をしなければならないと思い込んでいる方も多いです。しかし実際に大切なのはむしろその逆です。クスッと笑える面白い企画やその企業の「キャラ」を出す配信がおすすめ。多少下手な配信くらいが返って効果を生むこともあります。それが LINE 公式アカウントなのです。

売れる配信は企画が 9 割

　最初に質問ですが、皆さんは LINE 公式アカウントの配信にどのくらいの時間が費やせますか。

　多くの方は、「配信に割いている時間はそれほどないよ！」そのように言われるのではないでしょうか。社内に 1 名 LINE 公式アカウントの配信専任担当がつけられる企業であるというのも稀かもしれません。

　そんな皆さんに朗報です。LINE 公式アカウントは注力すべき部分とそうでない部分がはっきり分かれます。ではどの部分に注力すればいいのか。それは「配信企画」です。

　LINE 公式アカウントを導入されている「フレッシュマートとくやま」というスーパーマーケットでの話です。例えば、今季はいちごをたくさん販売していきたいなあと思ったら、皆さんはどのような配信で友だち登録者に情報を届けますか。

　シンプルに「いちご買ってください！」「美味しいいちごが販売開始されました！」でもいいのですが、これではあまりに宣伝色の強い単純な配信になってしまいます。

　このとき、店長の徳山さんは、「いちご食べ比べ」企画と題して、3 種類ほど徳山さんが厳選したいちごを店内で試食、「どのいちごが 1 番美味しいか食べ比べ大会をします！」という配信をしました。

　結果的に、通常は 1 シーズンで 3,000 パックほど販売があるいちごですが、このように企画配信を行ったシーズンは 5,000 パックも販売に成功したのです。その数およそ 1.7 倍です。

行ったことはたった1つ。「いちご買ってください」ではなく、「いちごを食べ比べてみませんか？」という企画を立てて配信をしたことです。

　企画を立てると言ってもどうやって企画を考えたらいいの？　と思われるかもしれません。1番簡単なのが、季節ごとのイベントと組み合わせることです。
　例えば、1月であればお正月ですね。お正月といえば「お年玉」「福袋」「新年」といったキーワードが考えられます。以前私はこのお正月の時期に「福袋」をフックに、当社のサービスを福袋にした配信を行いました。
　福袋だけにいつもよりお得に複数の商品を詰め合わせて販売したのですが、結果的に同時期の他の配信よりも10倍も売り上げました。

　では2月であればどうでしょうか。「節分」や「バレンタインデー」が思い浮かびます。LINE公式アカウントの配信担当者が女性であれば、「●●からのバレンタインデープレゼント配信」という企画が考えられます。逆に担当者が男性であっても、「●●からのバレンタインデー『逆』プレゼント配信」とすることもできます。
　要はフックはなんでもいいわけです（笑）。

　月に1回だけであってもこうした企画を考えていくと、ただ普通に販売する配信を行うよりも、そこには「面白さ」が生まれます。LINE公式アカウントではこの「面白さ」がとても大切です。

　今の時代、普通に物は売れなくなりました。ところがその反面、「●●さんから買いたい！」「この会社だからついつい買ってしまう！」と思ってもらえたら、物は売れます。私はこれまでに数百のアカウント制作や配信に携わってきて、強くそう思います。

　「このアカウント面白いよね！」

　そう思われたら勝ちです。ぜひあなたやあなたの会社の「面白さ」・「良さ」が際立つ「企画」を考えてみましょう。最後に季節ごとの企画なりそうなキーワードと私の会社であればどのような企画を考えるかを一覧にまとめてみました。ご参考になれば幸いです。

▼季節のキーワードと組み合わせた配信企画例

月	キーワード	企画例（筆者の会社マーケリンクの場合）
1	福袋	「LINE 公式アカウント福袋」「L ステップ福袋」販売
1	新年運試し or お年玉	抽選付きクーポンで3回運試しチャレンジ！ 1,000 円クーポン・3,000 円クーポン・5,000 円クーポンプレゼント！
2	バレンタインデー	堤から逆バレンタインデープレゼント！ LINE 公式アカウントセミナーが無料で当たる抽選！
3	ホワイトデー	堤からのホワイトデープレゼント！ LINE 公式アカウント限定モニター構築　割引キャンペーン！
4	新年度	新年度は心機一転！ リッチメニュー刷新キャンペーン！
5	ゴールデンウイーク	ゴールデンウイークは LINE 公式アカウントの学びを深めよう！ LINE 公式アカウント自学自習　動画教材キャンペーン！
6	梅雨	梅雨が続いてどんよりする気分を一掃！ マーケリンクポイント 10 倍キャンペーン！
7	夏祭り	マーケリンクの LINE 公式アカウント夏祭り！ 7/22〜7/31 までの 10 日間　導入のご相談を無料で承ります！
8	夏休み	堤から夏休みの宿題！ 全5問のアンケートに答えて、豪華商品を GET しよう！
9	読書の秋	堤おすすめ！読書の秋はこの LINE 公式アカウント本3冊を読んでみよう！
10	ハロウィン	「Trick or Treat！」ボタンを押して、堤からハロウィン記念のランダムで当たるプレゼントをもらっちゃおう！
11	七五三	大人だって七五三でお祝い？！ 11/7、11/15、11/30 の日に配信される動画を見て、豪華景品 GET に応募しよう！
12	クリスマス	堤サンタからの贈り物！ 動画を見てクイズに答えたら、応募者全員に●●プレゼント！
12	年末	年末年始は L ステップの学びを深めよう！ L ステップ自学自習　動画教材キャンペーン！

キーワードから企画を連想し、販売サービスと組み合わせた配信をしてみましょう

1-6

コロナ禍でも生き残った
LINE 公式シフト戦略

　2020 年に始まったコロナウイルスの蔓延は世界中を震撼させました。コロナ禍でも生き残った企業とそうでない企業がありますが、その違いは一体なんだったのでしょうか。LINE 公式アカウントを使うことによって、コロナ禍でも生き延びていく、そんな方法をお伝えします。

コロナ禍で大打撃を受けた飲食店はいかにして生き残るのか

　コロナ禍で大きな影響を受けた業種の 1 つとして飲食業界があげられます。外出の自粛規制がかかり、飲食店に人が訪れない……。皆さんの周りの飲食店でも潰れてしまったお店は 1 つや 2 つではないでしょう。

　ではこうした飲食店がもし LINE 公式アカウントを活用していたら。もっとできることはあったのではないかと推察します。

　LINE 公式アカウントを使うメリットの 1 つに、「即効性」があることがあげられます。コロナ禍の前までは、デリバリーやテイクアウトを全てのお店が行っているかというと、そうではありませんでした。コロナ対策としてお店がデリバリーやテイクアウトを急に始めたとしても、そもそもお客様がお店に来ないこともあり、認知のされようがありません。

　しかし、もともと LINE 公式アカウントを運用していたら話は別です。例えば、ある飲食店ですでに 2,000 名の登録者が LINE 公式アカウントにいたとします。緊急事態宣言を受けて、デリバリーやテイクアウトを始めました！となったら、今すぐ LINE 公式アカウント内で情報を発信してお客様に認知させることができます。また、リッチメニューにデリバリーボタンをつけておけば、いつでもお客様は注文可能になります。

　私は仕事柄、飲食店のオーナー様とも多くお話をします。私は名古屋にある、ある地域の飲食店オーナーがコロナ禍になって 2 ～ 3 か月経過した頃に言っていたことを今でも覚えています。

「ウチの周りの店も潰れ始めるのが時間も問題になってきた店が出てきたよ。でもウチはおかげさまで売上も 10% 減っただけ。なんとかやれているのも LINE 公式アカウントがあったおかげだよ。」

　LINE 公式アカウントを運用していて、お客様にしっかり登録さえしてもらっていれば、不測の事態においてもいつでもすぐに施策を実行できます。

　「即効性」のある LINE 公式アカウントはコロナ禍における必須のツールだといっても過言ではありません。今からでも遅くはないはずです。先行きの見えない時代だからこそ、コツコツと LINE 公式アカウントを始め、日頃から備えておいてはいかがでしょうか。

一貫した「相手本位」という考え方

　　私が会社員時代から起業して現在に至るまで、ビジネスをする上で、一貫した変わらない想いがあります。それが「相手本位」という言葉に集約されています。

　例えば、クライアントとのミーティングを行うとき、私は以下のように準備します。

・zoom の URL は必ずこちらから送る（最近は専らオンラインでのミーティングが多いですね）
・ミーティング前に議題と所要時間を先方にお伝えする
・事前にミーティングのアジェンダを用意する
・確認したいこと（8〜9 割）、意見をいただきたいこと（1〜2 割）を明確にしてミーティングを進行する
・ミーティング後は議事録を送り、誰がいつまでに何をするのかを明らかにする

　クライアントとのミーティングをする際に、特段何も準備しなくても、ミーティングは実行できてしまいます。zoom の URL だって期日が近づいてきたら、気づいた人が URL を共有することだってできます。しかし、私はいかに相手が「どうしてくれたら嬉しいか」を考えて、ビジネスを進める方が何事もうまくいくと実体験からそう思います。

　「相手本位」の反対は「自分本位」です。ビジネスは相手がいて始めて成り立つものですから、自分本位では当然、商品やサービスは売れません。日々どうしたら「相手本位」になるか？を考えて、行動するとよいかもしれませんね。

1-7

徹底したお礼メッセージで
リピート客を作れ！

　一人ひとりのお客様にお礼のメッセージハガキや手紙を送る。これは住宅メーカーの営業マンや保険のセールスをしている方などがよく行う手法です。このアナログ的な手法と最新のデジタルツールである LINE 公式アカウントを組み合わせると、絶大な効果を発揮します。

たった 1 通のメッセージでお客様の心をつかむ

　皆さんはどんなお店に来店したときに、また行きたいなあと思うことがありますか？飲食店であれば、料理が美味しかったとき、接客が素晴らしかったときなどがあるでしょう。

　私が体験した「また行きたいなあ」と思った経験はある美容室でのことでした。ほんの些細なことなのですが、その美容室では髪を切ってくれた後、お会計をするときに、必ず担当の方が心のこもったメッセージカードを手渡してくれるのです。

　そのメッセージカードも単に「本日はご来店ありがとうございました。」という機械的なものではなく、その日お客様と話して印象に残ったことや、頑張りたいことへの応援メッセージなど、会話に合わせて毎回書いてくれています。

　私はこの美容室に高校生の頃、初めて行きましたが、引越しするまでの 7 ～ 8 年間はずっと同じ美容室に通っていました。もちろんメッセージカードがもらえるだけで 7 ～ 8 年間も通ったとは言いませんが、少なくともこうした一つひとつの細部にわたる気遣いがこの美容室には感じられ、ずっとリピートしていたのです。

1 枚のサンキューメッセージから実績 No.1 になった話

　私自身もこのメッセージカード効果を十分に実感したことがあります。私が新卒で入社した 1 年目のことです。私は神奈川県にある 57 教室の英会話教室のコンサルティングをする部署に配属されました。この 57 教室を全て一軒、一軒、最初に訪問にまわったときのことです。小一時間程度、あいさつも兼ねて教室の先生とお話をしました。私は訪問後、必ずその日のうちに、先生と話して印象に残ったことやこれからのサポー

トの意気込みをハガキに記して、サンキューカードと題してポストに投函していたのです。

　やったことはたった 1 枚のハガキにお礼を述べただけですが、「今までの担当者でお礼のメッセージカードをくれたことは一度もなかった。新卒 1 年目だけど、ものすごく頼りにしています。これからもよろしくお願いします。」などと多くの信頼のメッセージをその後にいただきました。この効果もあってか、先生たちと信頼関係が築け、他のベテランコンサルタント陣を差し置いて、対前年比の生徒数伸び率は県内で No.1 になることができました。

「サンキューメッセージ × LINE 公式アカウント」を導入

　こうした小さな気遣いが LINE 公式アカウントでも十分に可能です。私の妻が経営する女性向けのファッションやメイクのアドバイスを提供している、名古屋にあるパーソナルスタイリングサロンでのお話をさせてください。私が前述の美容室の話をし、妻のサロンでもお客様一人ひとりにメッセージを送ることを始めました。

　ただ、メッセージカードでは少し時間がかかり、お客様をお待たせしてしまうこと、カード購入費用がかかってしまうことを考慮し、このメッセージをお客様が退店されたその日のうちに LINE 公式アカウントでサンキューメッセージを送ることにしたのです。

　結果からお伝えしますと、メッセージを始める前とメッセージを始めた後では、リピート率になんと 12% もの差が出たのです。サロンとしては、スタッフがお客様とお話して嬉しかったことや、印象に残ったことなどをメッセージとして送っただけにも関わらず、このメッセージを起点として、次の予約が LINE 公式アカウントを通じて入ったり、「またお願いします！」と言われたりすることが格段に増えたのです。

　私が通っていた美容室も、私が書いたサンキューカードも、妻が経営するサロンでも、やったことは 99% の人が誰でも簡単にできることだと思うであろう、とても当たり前のこと。ところが、その当たり前を実際にやっている企業はどれだけあるでしょうか。日々の業務改善はこうした細かな気遣いの積み重ねであることを今一度、再確認したいものです。

1-8

売上最大化の鍵は
「率」に着目すること

SNS を使ってビジネスを加速させよう！　と考えるときに、多くの方はその「数」だけに着目しがちです。何千、何万のフォロワーを集めることもいいですが、それよりも「率」に注力すると、売上が大きく UP することがあります。

「数」も大事だが「率」の方を意識せよ

LINE 公式アカウントで売上を最大化しよう！　と思うときに、多くの場合、その友だち数をどのように多く集めていくかを考えるでしょう。ただし、友だち数を増やそうと思っても、一筋縄にはいきません。ここで LINE 公式アカウントで売上最大化を図る際に、覚えておきたいとてもシンプルな公式をお伝えします。当然といえばそうなのですが、とても大切な概念なので共有させてください。

❶売上＝友だち数×購入率×商品単価
❷友だち数＝認知数×友だちになりたいと思う率

です。順に解説します。

「❶売上＝友だち数×購入率×商品単価」

まず売上は、登録している友だち数と配信した際にその商品を買おう！　と思ってくれる確率のかけ算になっています。売る商品を 10,000 円と仮定したとき、1,000人の友だちが 2% の確率で購入してくれれば、売上は 10,000 円×(1,000 × 2%)＝ 200,000 円となります。

ではこの時点から売上を 2 倍にしたいと思ったときに、友だち数を増やすのと、購入率を改善するのとどちらに注目すべきでしょうか。

答えはその時々、ケースバイケースなのですが、1 つ言えることは、「友だち数を 2倍にするよりも、購入率を 2 倍にする方が簡単なケースは多い」ということです。私がよく LINE 公式アカウントセミナーの中で話す一節があります。

　「もし私が売上2倍を明日までに達成しなさい！　と言われたら、友だち数を2倍にするよりも、間違いなく購入率を2倍にする施策をとことん思考します。その方が簡単で、現在の友だち数7,000名を一夜で2倍にするのはほぼ間違いなく不可能ですが、購入率を2倍にするのは、企画次第では可能だからです。」

　もちろん購入率もどんどん上がっていけば当然、上限は見えてくるものですが、ここではビジネスをする上で「数」ではなく、「率」の方にも着目する大切さをお伝えしたいわけです。
　その意味では❷も同様です。

「❷友だち数＝認知数×友だちになりたいと思う率」
　今度は少し細分化し、友だち数を最大化するための公式です。友だちが増えていく過程としては、まず自社のアカウントが認知される（知ってもらえる）必要があります。SNSで宣伝、チラシをまいて宣伝、いろいろなパターンがあります。例えば、自分のアカウントの宣伝が100回、人の目に触れて、そのうち3名の方が友だちになりたい！と思えば、

友だち数（3名）＝ 100回のインプレッション※× 3% なりたいと思う率
※インプレッション＝人の目に触れた回数

となります。ここでも、友だちになりたいと思う率をいかに上げていくかをまずは考えます。面白い事例があるのでご紹介しましょう。

　例えば、私が名古屋のとある飲食店でLINE公式アカウントのサポートをしたときのことです。基本的に新規客が1ヶ月に100名くらいいらっしゃり、あとはリピートで成り立っているような小さなお店です。
　制作が終わって、いよいよ明日から友だち集めを開始となり、私は店長に友だち集めの大切さを説いて店を後にしました。
　友だち集めが開始されてちょうど1ヶ月。結果的に集まった友だちは……なんと10名でした。訪れた新規客のうちわずか10%しか登録に至らなかったのです。この理由を店長に聞きました。すると、

・店長自身は店先にあまり立たず、接客はアルバイトスタッフが行っている
・そのアルバイトスタッフは LINE 公式アカウントとは何かあまりわかっていない
・そのため LINE 公式アカウントに登録してもらう声かけもほとんど行えていなかった

　このような事態となっていました。これを聞いた私はすぐにお店に向かい、2～3時間ほど LINE 公式アカウントの友だち集めについて声かけの研修を実施しました。

　研修を終えた翌月、約 100 名の新規客に対して 90% 以上の方が登録してくれるまでになったのです。10% と 90% では天と地ほどの差で、1 年間にするとその差は約 960 名にもなります。
　ただこのお店と私が行ったのは、新規客を増やすことでもなく、シンプルにほんの数時間、どのようにしたら友だち登録をしてくれるのか、考え実行しただけです。

　巷ではよく「フォロワー●万人！」と目にすることも多いのですが、そこばかりに目がいかないよう、まずは「率」の改善に取り組んでみましょう。

現在値と目標値を知る

　LINE 公式アカウントで現状の改善を図るとき、現在の数字と目標の数字を知ることが非常に大切です。特に私の場合、お客様の LINE 公式アカウントをサポートする立場ですから尚更です。クライアントが思っているリピート率の改善と私が考えているリピート率の改善に認識の違いがあってはいけません。
　「リピート率を改善したい！」と一言でいっても、2% から 10% にしたいのか、30% から 50% にしたいのかで全く施策も異なってきます。
　「今現在何 % で、目標は何 % にしたいのか」。主観的にならないように、必ず客観的な数字をもとに対策を練っていきたいものです。

1-9

売り込みではなくコミュニケーションを目的としたチャット戦略を

LINE 公式アカウントの最大の特徴は、一方的な配信ではなく、双方向のメッセージやり取りができるところにあるでしょう。友だち登録者とコミュニケーションを図ることで、売上 UP に大きく貢献することがあります。

LINE 公式アカウントは個人事業主でも使える
魔法のコミュニケーションツール

LINE 公式アカウントも極めれば極めるほど様々な使い方ができます。しかし、もともとをたどると LINE 公式アカウントは誰でも簡単に使えるツールなのです。

私の周りにもパソコンが苦手で LINE 公式アカウントもうまく使えるかわからない……という方も少なからずいます。でもそんな方だからこそ LINE 公式アカウントの活用が有効です。

例えば、もしあなたが美容サロンのオーナーだったとします。ではそんなオーナーが、「美しくなるためのトータルビューティーコース 30 万円！」と配信したらどうでしょうか。

なかなかこれだけのコースをいきなり申し込む方は少ないでしょう。ただし、いきなりの申し込みはありませんが、必ず相談のチャットが入るのです。

「30 万円は分割でも可能ですか？」
「トータルビューティーコースについてもう少し教えてください」
「私でもこのコースで美しくなれますか？」

このような質問や相談が舞い込みます。パソコンの苦手なオーナーのやることはただ 1 つ。これらの質問に対して真摯に答えることだけです。

かつて同じように顧客を囲い込んで、商品を販売する手法にメルマガがありました。ところが、メルマガで商品を販売した場合、このようにメールで質問がされるということはあまり想定されていません。質問があった場合もメールでのやり取りになるた

め、そのうちやり取りが億劫となり、商品の成約まで繋がらないこともあるでしょう。

　LINE 公式アカウントの場合、お客様は普通に LINE でメッセージのやり取りをしている感覚になります。私の場合も、まだ友だち人数が少なかった頃は、あえてメッセージがもらえるような配信をし、成約に繋げていたことさえあるくらいです。

▼「スタンプ」を押してくれた方だけメッセージをして成約する配信例

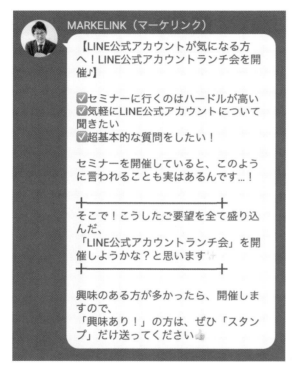

MARKELINK（マーケリンク）

【LINE公式アカウントが気になる方
へ！LINE公式アカウントランチ会を開
催♪】

☑セミナーに行くのはハードルが高い
☑気軽にLINE公式アカウントについて
聞きたい
☑超基本的な質問をしたい！

セミナーを開催していると、このよう
に言われることも実はあるんです…！

━━━━━┼━━━━━

そこで！こうしたご要望を全て盛り込
んだ、
「LINE公式アカウントランチ会」を開
催しようかな？と思います

━━━━━┼━━━━━

興味のある方が多かったら、開催しま
すので、
「興味あり！」の方は、ぜひ「スタン
プ」だけ送ってください👍

スタンプを押してくれた方に個別メッセージをし、最終的には成約率が２倍になりました

　すごい配信ができなくても、友だち人数が少なくても、売上を上げられる方法はいくらでもあります。図にある通り、まずは興味のある方はスタンプを送ってね！　という配信もかなり有効です。このスタンプ作戦を実施したとき、成約率が通常の２倍にもなりました。

　ここにご紹介した配信は何も難しいことは１つもありません。あえて反応をたくさんもらえるような配信をし、そこから個別にチャットしていく方法もぜひご参考になさってください。

成約率 90% を叩き出す 信頼構築戦略

1-9 ではパソコン操作が苦手でも、チャットをすることで売上が上がる方法を学びました。そもそも商品を購入してもらうためには、その商品自体や会社に対する信頼がなければ購入されません。LINE 公式アカウントだけを使い、成約率をグンと上げた方法をここではお伝えします。

LINE 公式アカウントはお客様からの信頼が基本

これは私自身の実体験です。今から 4 年も前の話ですが、当時の私は名古屋でこじんまりとした英会話スクールの運営をしておりました。まだ LINE 公式アカウントのサポートはお仕事として行っておらず、今の会社の前身として英会話スクールの講師も集客も全てほぼ 1 人で行っていた時代です。

当時はまだ珍しかったのですが、自社の WEB サイトのお問い合わせ（無料体験レッスン）ページに LINE 公式アカウント（当時は LINE@）のボタンだけつけておいて、そこから LINE 公式アカウントを通じて申し込みされるようにしていました。メールでの申し込みフォームは一切つけておりませんでした。その理由としては、私自身が無料体験レッスンの申込者になったときに、メールでのやり取りはすごく面倒だと思ったからです。

お客様からの無料体験レッスン申し込みは全て LINE 公式アカウントで通知されるようになっていました。ここからが LINE 公式アカウントの真骨頂です。お問い合わせくださってから、無料体験レッスン当日までは平均してだいたい 1 週間ほどあります。お問い合わせくださった方とのコミュケーションをしっかりとり、無料体験レッスンで来校される前に信頼関係を構築しておきます。

例えば、お問い合わせしてくださった方が、これから留学を考えている学生さんであれば、

・留学で何を達成したいのか
・どの国にどのくらいの期間滞在するのか

などをヒアリングし、私の実体験も盛り込みながらチャットをしました。その方のお悩みや課題がキャッチできれば、その回答が書いてあるブログや動画を提供しました。回答が自社のブログや動画にない場合は、その方のために改めて動画を撮影し、提供もしていました。

　文章にすると、とてもあっさりしていますが、「本当にその方のことを思い、どうしたらその方に貢献できるのか」これだけを事前の LINE 公式アカウントでのメッセージのやり取りから考えていました。

　すると最終的には、無料体験レッスンに来ていただき、開口一番、

　「なんだか堤さんと初めて会った気はしないです！　ぜひ入会もしようと思っておりますので、今日はよろしくお願いします！」

と言ってもらえるまでになったのです。

　その結果、1 年間での成約率はなんと 92.6% となりました。私の起業 1 年目で、1 人で運営していたこともあり、無料体験レッスン自体は 54 名とそこまで「数」は多くなかったのですが、それでも「率」にはコミットすることができました。

　ところでこの信頼関係を構築して当日までワクワクしてもらったり、すでに契約を考えていただけたりすることは、ずっとメッセージをラリーし続けなければならない、ということは全くなく自動化することもできます。次の章ではいかにそれを自動化するかを見ていきましょう。

成約の鍵は事前準備が９割 ワクワクの半自動化を徹底する

　これまで数多くの商談を経験してきて、成約するか否かどうかは、事前準備にあることがわかりました。LINE 公式アカウントからの配信でいかにワクワクしてもらうか、そしてそのワクワクにいかに手間をかけず半自動化するかをここではお伝えします。

キーワードは映画の予告編

　1-10 では私が英会話スクールを運営していた頃のメッセージのやりとりで信頼関係を構築していった話をお伝えしました。このメッセージのやりとりの段階で「ワクワク」していただき、それが成約に繋がっていったのです。

　ところで、皆さんは映画はよく見に行かれますか。映画館に早めに着くと、映画が始まる前に色々な映画の予告編をやっていますね。あれってなぜかすごく「ワクワク」します。この映画を見終わったら、次はどの映画を見ようか、と思ってしまいます。

　この「映画の予告編ワクワク理論」を LINE 公式アカウントに当てはめるのです。例えば、

・マイホームを検討しているとき、相談会の申し込みをいただいた後に流れるメッセージ
・ヨガのレッスンを検討しているとき、無料体験レッスンの申し込みをいただいた後に流れるメッセージ

　こういったところでワクワクメッセージを流していくことで、商談の際には「買いたい！」となっている状態を作るのです。

　次の図はあるリフォーム会社が相談会に申し込みをいただいてから流れるメッセージの一例です。

▼あるリフォーム会社の相談会までに流れるメッセージ

15日前	リフォーム相談会に友だち登録者が申込

申込直後	申込ありがとうメッセージ（当日の相談会まで何回かメッセージいたします！というアナウンス）

7日前	リフォーム事例ルームツアー（登録者にとってワクワクするような動画演出）

3日前	担当者からのメッセージ動画（このような想いでお客様に寄り添っていますと人柄がわかる動画演出）

1日前	明日のリマインド配信（持ち物や日程、場所などの確認）

相談会当日

　ちなみにこれだけの事前配信はLステップを使えば、全て自動で流すことができます。申込者によって異なる日程や場所も全てその方に合った形で自動でメッセージすることができます。

　もちろん商談自体は営業マンの方次第なところは大きいとは思います。しかし、事前からこの仕組みをLINE公式アカウントで導入しておくことで、その成約率向上をさらにアシストすることも可能になるでしょう。皆さんは自社のどこにこの「映画の予告編ワクワク理論」を取り入れますか。

紹介を加速させる！
友だちに紹介するボタン作戦

集客の基本は口コミです。売上の上がっている会社で口コミによる集客がないところはありません。口コミの基本は商品が良いこと、サービスが良いことですが、口コミを促進する方法は LINE 公式アカウントでもできます。リッチメニューに友だちに紹介するボタンを掲載し、口コミ促進をしましょう。

口コミの力は偉大、それを促進する仕組み化が必要

「誰かうちの商品、口コミ宣伝してくれないかなあ……」そう思っていても勝手に口コミしてくれるほど甘くはありません。口コミされる仕組みを考えることが大切です。私も LINE 公式アカウントの友だち数が少なかった時代はこの口コミにとても助けられました。ここではいくつかの事例を見てみましょう。

「この LINE を友だちに紹介する」ボタンを作る

誰もが簡単にできることとして、LINE 公式アカウント内のリッチメニューに「この LINE を友だちに紹介する」ボタンを作成することがあげられます。

この紹介を実現する方法として URL スキームと呼ばれるものがあります。

▼友だちに紹介するボタンをリッチメニューにつけた一例

リッチメニューに友だち紹介ボタンをつけることで、口コミによる自動的な紹介が実現できます

ボタンタップ後は、このように LINE で送る相手を選択できます

図のようにボタンをタップすると、「送信先を選択」という表記が出ました。ここから送りたい相手を選んで、LINE 公式アカウントを紹介してもらうことができます。

　ここまではただ自分のアカウントを他者に紹介してもらいやすくする仕組みです。ではこのボタンから紹介した場合に限り、専用のクーポンや特典をプレゼントすることはできるのでしょうか。

　答えは「できる」です。

　よく美容室に行くと、「友だちを紹介したら 30%OFF クーポンが友だちにプレゼントされます」というようなクーポンを渡してねと美容室のスタッフから言われることがあります。LINE 公式アカウントではこれをボタン 1 つで行うことができます。

▼LINE 公式アカウントを通して限定クーポンを友だちにプレゼントできる事例

こちらの仕組みを使うことで、友だち追加＆クーポンプレゼントが両方実現できます

　今度は「送信先を選択」と共に、送るクーポンとメッセージが現れました。このボタンとメッセージはもちろん自由に変更することができます。

　先ほどの URL スキームを同様に使いますが、友だちに送信する URL を変える（＝クーポンにする）ことで友だちに 30%OFF クーポンを送ることと友だち追加してもらうことが同時に達成できます。

　具体的な操作は本書では取り扱いませんが、ぜひ自分で試してみたい！という方は、操作方法を動画にしました。こちらをご覧いただくとイメージがわくかと思います。よろしければご視聴くださいね。

▼LINE 公式アカウントでクーポンプレゼント＆友だち紹介を両方実現する方法

メルマガ vs LINE 公式アカウント どちらがいいの？

　この仕事をしていると「メルマガと LINE 公式アカウントはどちらがおすすめですか？」と聞かれることがよくあります。答えはもちろん人によりますが、私個人としては断然 LINE 公式アカウントの方がおすすめです。その理由は、メルマガは情報配信ツール、LINE 公式アカウントは業務改善ツールだからです。もっと言うと、LINE 公式アカウントでできないことは、メルマガにもできませんが、メルマガではできないことであっても、LINE 公式アカウントではできることがかなりの確率であるからです。

　例えば、本書の第 2 章でも紹介しているゲーム性を持たせた「診断」コンテンツ。あなたはどのタイプです！　これがおすすめです！　と LINE 公式アカウントではこういったものが作成できます。しかし、メルマガにはできません。

　別の例で言うと、LINE 公式アカウントは気軽にトークできることから、採用や商品の成約においても有利です。メルマガは配信に対して、メールで返信をすることはあまり想定されていません。

　よく「LINE は一過性のツールだからメルマガをすべきだ！」と豪語している方も見受けられますが、配信ツールとして並列で両者を見るのではなく、LINE 公式アカウントは業務改善ツールだという見方をすると、新しい発見があるかと思います。

配信ルーティーンの作成で
手間いらずの配信を実現

LINE 公式アカウントは配信しないと当然ながら、なかなか成果に直結しないと思われている方も多いです。しかし、配信に何時間もかけて作成しているようでは本来の業務に支障が出てしまうかもしれません。そんな手間を最小限にしながら最大の効果を生み出すための方法をお伝えします。

配信ルーティーンの作成　最小の労力で最大の効果を

ビジネスにおいて売上を上げていくためには「継続」が必要です。LINE 公式アカウントにおいてもそれは変わらず、LINE 公式アカウントにおける「継続」とは、配信の継続です。LINE 公式アカウントで配信を継続するためのコツをこのパートではお伝えします。

そのコツの 1 つは、ずばり、配信ルーティーンを作成することです。例えば、英会話スクールの LINE 公式アカウントを作成したとしましょう。配信は基本的に週 1 回、つまり月に 4 回程度が理想とされています。このとき、それぞれの週にテーマをある程度もたせることで、どんな配信をしようかな……と迷うことがなくなります。

▼英会話スクールの配信ルーティーン例

1 週目	今月のオススメイベント・セミナー

2 週目	ネイティブ講師による今月のお役立ち便利フレーズ

3 週目	企画配信

4 週目	先生一押し！　アメリカならではのグッズ紹介

　順に解説します。1週目は月の始まりです。英会話スクールは新規集客を図るためと既存の生徒の満足度を上げるためによくイベントやセミナーを行います。月間でいくつかのイベントやセミナーがあれば、こちらを一覧で紹介することで配信ができます。毎月の初めは「イベント・セミナー配信」と決めておくことで、それを紹介する配信を作成するだけですから、配信企画を考える手間も大幅に削減できます。

　2週目は英会話スクールならではの便利フレーズ紹介です。こちらも2週目は「便利フレーズ」と決めておくことで、あとは毎回紹介するフレーズを変えるだけですから、それほど労力はかからないでしょう。

　3週目は「企画配信」です。こちらは前述した季節と絡めた企画を考え、その内容を配信しましょう。毎週のように配信ネタを考えるのは大変ですが、月1回であればちょうどよいです。月1回くらいであると逆に配信を考えるのが楽しいくらいだと思います。

　4週目はその英会話スクールの名物先生がお送りする英語圏ならではのグッズ紹介。例えばその先生がアメリカ出身であれば、アメリカ人しか知らないアメリカに昔からある駄菓子を紹介するなど、言語というより文化を紹介する配信です。こちらも毎回紹介するモノだけを選定すればいいので、大きな工数はかからないでしょう。

　このように配信自体をシリーズ化すると、毎回それを楽しみにしてくれる方も出てきますし、ここまで見たように大きな労力もかかりません。ぜひあなたや自社ならではの配信ルーティーンは何になるのか、今一度考えてみてください。

ステップ配信で自動成約を実現！

　1-13 では配信の手間を最小限にしながら、効果を出す方法を紹介しました。本パートでは、配信の手間がむしろゼロになってしまうかもしれない、そんな究極の方法をお伝えします。その究極の方法がステップ配信です。ステップ配信をマスターすると自社のビジネスがガラッと変わるかもしれません。

ステップ配信という究極の労力削減方法を知る

　まず最初にお伝えしたいことがあります。それは私の会社自身がこのステップ配信を駆使しているおかげで全く配信しなくてもサービスの購入がどんどん入るようになっているということです。毎月何も配信していないことは全く褒められたことではありませんが、逆にとらえると、配信しなくても、労力がゼロでも成約がされています。実際に自社で配信するのは、私が「これは！」と思いついた企画を月 1 くらいで行うのみです。それ以外はすでに設定されているステップ配信が自動的に流れ、毎日自動的に成約されていきます。これこそまさに私が掲げている「最小の労力で最大の効果を」を体現しているかと思います。

　ステップ配信は最初に設計をしておけば、全く触らなくても永続的に流れ続けます。極論、LINE 公式アカウントのことが何もわかっていなくても、操作ができなくても、問題ありません。最初に LINE 公式アカウントを作成する際に「こんなステップ配信にしたい！」と制作者と打ち合わせすれば大丈夫です。ちなみに 2021 年 2 月より、LINE 公式アカウントでもステップ配信が可能になりました。もちろん、L ステップではさらに高度なステップ配信が可能です。いずれにせよ、ステップ配信が可能になったことで活用の幅が広がっています。

　ではそんなステップ配信の作成ポイントを見ていきましょう。
　ステップ配信の特性はその配信の中で「教育」していけることにあります。例えば、今あなたの手元に 500ml の水が入ったペットボトルがあります。これが 10,000 円でそのまま販売されていたら、高い！　と思いますよね。
　でもこの 500ml の水を飲んだら体重が 1 キロ痩せるという特別な水だったら……?!　10,000 円でも人によっては安い！　となりますね。

　この水がいかに優れた水であるかを順番に訴求していく、これがステップ配信の役目であり、「教育」です。そのため一般的には、価格は少し高いかもしれないけれど、それ以上に価値のある商品を販売することにステップ配信は向いています。

　ステップ配信の特性がわかったところで、ステップ配信の設計に入っていきます。次のポイントはステップ配信で何を目的とするのか、明らかにすることです。このとき売りたい商品が複数あるからといって、A商品もB商品もステップの中で売るのはあまりおすすめしません。例えば、「500ml飲むだけで1キロ痩せる水」と「夏に着ているだけで -5℃体感気温が下がるTシャツ」はどちらも凄そうですが、これを同じステップ配信で混同して売っていくと分散して思うように効果が出ません。「1ステップ配信＝1ゴール」の原則を覚えておきましょう。

動画または文章のどちら訴求するのかを考察する

　一般的にステップ配信は複数日かけて1つの商品を教育していくものだと認識できました。教育をしていくのにLINE公式アカウントの場合ですと、主に動画を使うのか、文章で訴求するのか2つの方法が考えられます。
　どちらの方が良いかは今からお伝えするポイントを考慮すると良いです。

【動画の場合】
・その商品を売る本人のスピーチ力次第で大きく成果が変わる
・基本的には動画で伝える内容を台本作成する
・視覚的にも情報を伝えられるので効果的なことが多い
・動画の作成コストや時間がかかる

【文章の場合】
・その文章を書く人によって大きく成果が変わる
・文章だけで訴求することが主なため、比較的長文になる
・文章であるため作成コストはそれほどかからないが、高度なコピーライティングスキルを必要とする

　ざっくりお伝えしても、こうした違いがあります。ちなみに配信する日数は動画であっても文章であっても一般的には4～5日であることが多いです。

▼文章で送る場合はLステップの「回答フォーム」も活用できる

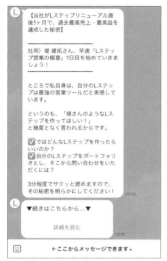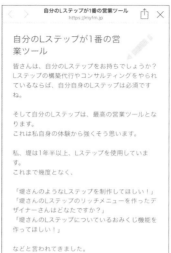

LINE公式アカウントで文章のステップ配信を送る際は、図のように「回答フォーム」を使って送ることをおすすめします。普通に文章を送ってしまうと、長くて見づらいからです

1日目の動画は2日目の動画を見てもらうためにある

　動画または文章のどちらで訴求するか決まったら、次はシナリオ（台本）の設計です。このとき大切な考え方は、「1日目の動画は2日目の動画を見てもらうためにあり、2日目の動画は3日目の動画を見てもらうためにある」ということです。

　要は、それぞれの動画は単独であるわけではなく、その次の動画を見たくなるような、「流れるような」シナリオにすることが大切です。

　また、これは極端な例ですが、全部で5日間の配信で1日目から商品の価格の話をしても売れません。最初は徹底的に商品の良さ（ベネフィット）を伝えて、価格は最後が基本ですね。いつ・何を話すべきかもシナリオ設計の中である程度基本は決まっています。

　ではここで先ほどの10,000円の水を私だったらどのように販売するか、簡単にシナリオを書いてみたいと思います。

▼ステップ配信の簡易的なシナリオ例

ステップ配信の目的：10,000 円の水を 20 本セットにした 200,000 円の商品を販売 動画の長さ：10 分程度 /1 動画	

1 日目	視聴者のお悩み・課題に共感、問題提起（＝ダイエットしようとしてもなかなか続かないですよね……　➡そんな悩みが無用になる商品を開発しました！）
2 日目	開発者の紹介・商品の特徴やメリット紹介（＝誰が開発したか『人』の部分が大事、どんな効果があるのか商品のメリットをわかりやすく列挙）
3 日目	商品を使うことによるベネフィット紹介（＝痩せて彼氏ができた！　健康になった！　などペルソナに応じた痩せることによるベネフィットを列挙）
4 日目	たくさんの嬉しい声・お客様の声紹介（＝第 3 者の意見を紹介することで説得性を持たせる）
5 日目	セット商品の紹介、期間限定の特別価格オファー、特別プレゼントオファー（＝価格＜価値を感じてもらえるよう価格は最後に紹介、今すぐ注文してもらうためにオファーをつける）

　それぞれどのような意図でシナリオを設計しているかは図解の通りです。商品力がそこそこあり、シナリオ設計させ間違えなければ、こうしてステップ配信を組んでいくことで確実に商品を販売していくことが可能です。実際に自社の場合でも、どの商品を訴求するのかぜひ一度考えてみてください。

1-15

リードタイムの長い商材こそ徹底したセグメント配信を

購入検討から実際に購入までが長い商品こそ、LINE公式アカウントの出番です。友だち追加時あいさつでのアンケートを上手に利用し、セグメントを切って適切な時期に適切な配信をすることで、商品購入に繋がります。

ECサイトの戦略を簡単に考える方法

突然ですが私は本書を執筆している2ヶ月後に初めての子どもが生まれます（笑）。それはあまり関係ないかもしれませんが、このパートでは可愛らしいデザインの出生届を販売しているECサイトを例にLINE公式アカウントでの戦略を考えていきます。

▼出生届製作所の公式サイト

こちらの出生届製作所でも実際にLINE公式アカウントを導入しています

　こちらは出生届製作所という EC サイトです。20 ～ 30 代の女性をターゲットし、可愛らしいデザインの出生届を販売しています。皆さんだったらどのような戦略を考えて、LINE 公式アカウントで配信をしていきますか。

　まず考えたいのが出生届の購入を検討する時期です。出生届の購入検討時期は人によって違いはありますが、一般的には妊娠が発覚した時期から、出産の直前くらいまででしょう。そういう意味では、最大で購入のリードタイム（検討期間）は 10 ヶ月くらいになる場合もあります。

　リードタイムがこのように長い場合、友だち登録されてから、いくら 5 日間で出生届の良さを配信しても、今必要だと思っていなければ、この 5 日間で購入してくれることはないでしょう。もちろん、「今」買うべき理由を訴求していくことも出生届を買っていただくための 1 つの施策ですが、他にもできることはあります。

友だち追加時のアンケートでセグメントを切る

　LINE 公式アカウントの友だち追加時には、何も登録特典だけ出すとは決まっていません。この友だち追加時にアンケートを出し、回答してもらうことで後の配信に活かしていくことができます。
　例えば、今回の例で言えば、「出産予定日はいつか」がわかればその出産予定日以降は出生届の購入促進配信はしないことが可能です。
　最初のアンケートで出産予定日が 3 ヶ月後だと回答した方には、図のように配信を送ることが可能です。

▼ 友だち追加時配信スケジュール

友だち追加時	アンケートで3ヶ月後に出産と回答

1〜4日目	デザイン出生届の良さを配信・今購入すべき理由を配信

1ヶ月後	配信①

2ヶ月後	配信②

3ヶ月後	出生届の配信はしない・別の商材の配信

　ステップ配信では通常通り、商品の良さを訴求します。ここで購入されればOKなのですが、やはり人によってはもう少し検討して時期が近づいてきたら購入しよう、と思う方も少なくありません。

　そこで最初のステップ配信以降は、登録してから1ヶ月、2ヶ月と出生届のことを思い出してもらうために定期的な配信をすることで訴求できます。

　3ヶ月目以降は、すでに赤ちゃんが産まれてくるため、出生届の配信はせず、赤ちゃんが産まれた後に検討してもらえる別の商品の案内をすることができます。

　少し大変ですが、これをアンケートで「●ヶ月後に出産」と答えた方ごとに複数ステップ配信を変えることで、より大きな効果を見込むことができます。

友だち追加経路を把握し
広告予算の最適化を図る

　自社商品を購入してもらう1つの施策として広告出稿があげられます。広告出稿はもちろん費用はかかりますが、味方につけると、自社の売上を最大化してくれる強力なツールです。LINE 公式アカウントではリスクを最小限におさえた小さく始める広告出稿が可能です。また、友だちの追加流入経路を把握することで、広告予算の最適化ができます。

小さく広告出稿を始めて大きな成果を得る

　新規集客の1つの柱といえば、広告出稿があります。しかし、始めるのに初期費用がかからない SNS 運用ならまだしも、費用がかかるオンライン上の広告は敬遠してしまう方も一定数いるでしょう。

　確かに一般的な Google 広告・Yahoo 広告、Facebook 広告・Instagram 広告などは、始めるのにハードルがあり、知識ゼロから初心者が手を出すべき媒体ではないのかもしれません。そうとなると、広告代理店に依頼をしなければならず、結果が出るかもわからないのに、その運用代行手数料も取られてしまうという考え方もあります。

　ところが広告は味方につけると強い武器になります。まずは簡略化した広告出稿の考え方を記します。

　例えば、あなたが広告に5万円かけたとします。その結果、その広告がお客様を呼び、最終的に広告経由で15万円の売上をもたらしました。このとき、5万円の投資に対して、15万円のリターンがありましたから、費用対効果は 300% です。これをROAS（広告の費用対効果）と言います。

　では次に私たちはどのようなことを考えるでしょうか？　そうです、例えば予算を倍の10万円投下したら、売上も倍の30万円が上がりそうですね。現実的には、30万円分の商品が供給できる分あるか、人材はあるかなどの問題が絡み、一筋縄にはいかないことも多いですが、考え方としてはご理解いただけたかと思います。

　ではそもそも最初から投下した予算以上のリターンが返ってくるか、というとこれまた別問題です。前述したように、運用の難しさの問題もあります。

そこでおすすめしたいのが、リスクを極限まで減らし、なおかつ運用がとても簡単なLINE公式アカウントの友だち追加広告です。私が今まで見てきた広告の中でも、もっとも始めやすく、効果も得られやすいものだと確信しています。

ここからは LINE 公式アカウントの友だち追加広告が始めやすい理由を記していきます。

全体未聞！　成果が保証されている友だち追加広告

極端な話をします。あなたが Facebook 広告を 10,000 円出稿したとします。このとき、商品が購入される保証はもちろんありません。広告の垂れ流しに終わってしまう場合も十分にあり得ます。

では LINE 公式アカウントの友だち追加広告はどうでしょうか。こちらも同様に 10,000 円出稿したとしても、商品が購入される保証はありません。しかし、別の面での保証があります。それは 10,000 円の費用をかけると、おおよそ 50 名前後くらいの友だちが追加されるのです。LINE 公式アカウントの友だち追加広告は CPF（Cost Per Friends の略）と呼ばれ、友だちが追加されて初めて課金がされます。

2021 年 3 月現在、どの業種であっても、この友だち追加単価はおおよそ 200 円前後あれば集めることができます。つまり、10,000 円出稿すれば、50 名前後は集めることができるわけです。

友だち追加後の商品購入は配信次第

友だち追加されてから、商品購入に至るかどうかは、LINE 公式アカウント内の配信が大事であることは言うまでもありません。では例えば、実際に私の妻が経営する Salon new me というパーソナルスタイリングサロンで広告出稿したときの事例をご覧ください。

▼パーソナルスタイリングサロンで LINE 友だち追加広告を出稿した事例

この例の場合、1 人友だちあたり 147 円で集めることができています

　図のように、50,359 円の広告費をかけたところ、342 名の友だちが LINE 公式アカウントに追加されました。この 342 名のうち、広告出稿から 2 週間以内に 7 名からのお申込がありました。売上は結果として、155,100 円上がりました。費用対効果は約 308% です。LINE 公式アカウントの友だち追加広告の場合は、友だち追加してから流れる、あいさつメッセージや一斉配信の内容によりますが、広告は上手に運用すれば、あなたにとって大きな味方となります。広告出稿はまずは小さく始めて、次第に大きくしていくことで想像以上の効果をもたらす可能性があります。取り組んだことのない方はぜひトライしてみるといいでしょう。

　LINE 友だち追加広告のさらに詳しい事例は本書の各所に記しています。そちらもぜひ参照してください。

かゆいところに手が届く
お節介な配信をしよう

　マーケティングの世界では消費者は「見ない、信じない、行動しない」から、それをカバーするライティングが大事だと言われます。LINE公式アカウントでもこれは同じで、全てこの原則に沿ってアカウントを作っていくと売れるアカウントになります。

見ない、信じない、行動しない客をどう動かすか

　前述のように、私の妻は名古屋でSalon new meというパーソナルスタイリングサロンを経営しています。このサロンでは20～30代の女性に対して、どんな色・形の服が似合うか提案したり、メイクレッスンをしたりしています。
　このサロンでもLINE公式アカウントを活用しており、配信をする際にお客様が「見ない、信じない、行動しない」という原則に基づき、なるべくこれらを緩和する配信の仕方になっています。

　例えば「見ない」についてはどうでしょうか。
　Salon new meでは友だち追加してもらったら、サロンで使える10%OFFのクーポンがもらえるようになっています。

▼LINE 公式アカウント友だち追加時あいさつにおける見やすさの違い

こちらの配信ではクーポン GET の方法がわかりやすいです

左の配信に比べて、わかりにくいです。クーポンが GET できることを見落としてしまう可能性もあります

　左のように画面全体に「10%OFF クーポン」というように書いてあるので、わかりやすいですね。しかし右の画像の場合はどうでしょうか。書いてあることは左の画像のクーポンと同じですが、文章で連なって書いてあるので、少々見にくいです。

　右の画像のようになっていると、

　「登録したのに 10%OFF クーポンがもらえなかった」

と言われることがあり得ます。もちろん右図のように 10%OFF クーポンはもらえているにもかかわらずです。このようにお客様は私たちの想像以上に「見ない」のです。これでもか！というほど視覚的にもわかりやすくする必要があることがおわかりいただけたのではないでしょうか。

　では次にこの 10%OFF クーポンをタップした後の挙動です。図のようにクーポンが出現します。

▼ クーポンの使用方法が不親切な場合

「お申し込み時」が具体的にいつなのか
わかりづらいです

　このときに図のような「利用ガイド」であったらどうでしょうか。こちらの文章であれば、申込時にクーポンが使用できるのか、来店時に見せればOKなのか、クーポンをいつ・どのように使えばいいのか、わかりません。

　「使い方がわからないからやっぱりやめておこうか」そうなってしまうのも全く珍しくありません。そう、人は基本的に「行動しない」のです。私たちはこの阻害要因を取り除いてあげる必要があります。

▼クーポンの使用方法が親切な場合

【使用方法】
LINE公式アカウントの該当のメニューボタンからまずはお申し込みください。
その際、「スタイリングメニューお申し込みフォーム」よりクーポンコード「2020」をご記入ください。
※来店時ではなく、必ず申込時にクーポンコードをご記入ください。
※単発のイベント、各種講座には適用されません。

多少お節介なくらいに細かく書いてあげた方が、登録者は「行動」します

　こちらの図のような「利用ガイド」であったらどうでしょうか。この文章であれば、リッチメニューのところの申込ボタンをタップし、お申込時のクーポンコードに「2020」と入力すれば 10%OFF になることが誰の目に見ても明らかですね。これはクーポン使用者を迷わせることはありません。

　冒頭のタイトルにもあるように、文章は少しお節介なくらいでちょうどいいのです。「クーポンをどこから使ったら良いのだろう」と思う人に対して、かゆいところに手が届くような少々お節介な文章で迷わせることなく、導いてあげてください。

1-18

キャッシュポイントずらし 戦略こそが成功の鍵

正攻法で商品を売るだけが LINE 公式アカウントではありません。キャッシュポイントをずらしたことにより、大きく売上を UP させた、そんな事例をご紹介します。

クロスセル・アップセルという考え方を学ぶ

LINE 公式アカウントを運用する上で、必ずおさえておきたい考え方があります。それはクロスセル・アップセルの考え方です。

ところで、あなたはマクドナルドに行くことはありますか。私はハンバーガーがとても好きでよく行きます。実はハンバーガー単品で注文することもしばしばあるのですが（そんな人珍しいですよね笑）、結構言われるのが、

「ご一緒にポテトもどうですか？　ジュースはいかがですか？」

という店員さんからの言葉です。これはお店にとってハンバーガーだけだったら利益はそんなに出ないけれども、ハンバーガーと相性のいいポテトやジュースをさらに売ることでさらに利益を出そうという考え方です。

このハンバーガーに対して、ポテトやジュースの位置付けをクロスセルと言います。

Amazon などの通販でよく見かける「この商品を購入した人はこんな商品も購入しています」はまさにクロスセルを利用した販促の 1 つです。

対してアップセルはどうでしょうか。私がマクドナルドでオレンジジュースを注文しようとすると、M サイズは 200 円なのですが、＋ 50 円をすると L サイズに変更できますとありました。＋ 50 円なら、と私は L サイズに変更しましたが、これがアップセルの考え方です。

すでに注文したもののグレードをアップする提案が「アップセル」であり、私はマクドナルドのアップセルの戦略にだいたいいつもはまっています（笑）。

60

婚姻届製作所に学ぶクロスセル・アップセルの実例

別のパートでご紹介した出生届製作所の姉妹サイトにあたる婚姻届製作所がまさにこの考え方を利用して売上を増大させました。文字通り婚姻届製作所では、20 ～ 30 代の女性をターゲットとした可愛らしいデザイン婚姻届を販売しているサイトです。

少し考えたらわかりますが、基本的にデザイン婚姻届は 1 度購入したら再度購入されることはありません。そのため、毎月・毎週のように「デザイン婚姻届買ってください！」と配信をしていてはすぐにブロックもされてしまうでしょう。

ではどのように売上や利益を最大化するか。それがクロスセルであり、アップセルです。

例えば、婚姻届製作所では、可愛らしいデザイン婚姻届を記念に自宅に飾る「デザイン婚姻届アルバム」という商品を販売しています。LINE 公式アカウントで配信訴求する前は、デザイン婚姻届を購入されるお客様に対して、アルバム購入者の割合はなんとたったの 4% しかありませんでした。

しかし商品が悪いわけではなく、ただ知られていないだけだ！　と感じた私は、ハンバーガーにポテトやジュースをおすすめするマクドナルドの店員さんのように、

「デザイン婚姻届アルバムはどうですか？」

と配信を重ねていったのです。

結果的になんと 4% の購入率から 16% にまで躍進しました。これぞクロスセルの考え方を活かした戦略です。

ではアップセルはどうでしょうか。こちらはクロスセルともアップセルとも取れる位置付けの商品ですが、婚姻届製作所では、他の企業とタイアップした「婚約指輪」も販売しています。

デザイン婚姻届を購入されるお客様は、十中八九これから婚約される方です。そんな方々に対し、婚姻届よりもかなり単価の高い上位商品である婚約指輪の配信も訴求していきました。

結果的にこれが配信のたびにかなり売れる商品であることがわかりました。現在、婚姻届製作所の LINE 公式アカウントでは月間でだいたい 1,000 名くらいの友だちが増えています。このうちブロックしてしまう方も一定数いますが、その数を引いた、だいたい 750 名くらいの方に婚約指輪の配信をするのです。

すると月間で少なくとも8組、多いときだと15組ほどの婚約指輪が売れます。婚約指輪はかなり高価なものだと言えます。売上高もたった1回の配信だけで200〜350万円程度あがります。

　これは婚姻届だけでなく、相性のいいさらなる上位商品を販売した結果です。今回は婚姻届製作所の事例でしたが、皆さんの会社にとっては、何がクロスセルで何がアップセルか、そしてそれを配信でどのように販売していくか、今一度考えてみるよいきっかけとなればと思います。

芸能人・有名人 × LINE 公式アカウントは相性抜群 ?!

　　LINE 公式アカウントは飲食店や美容室など、ビジネスにおいて企業が活用するイメージが大きいかと思います。ところが、タイトルにあるように芸能人や有名人が使ってもこれまた相性抜群です。

　本書でもご紹介しているように、LINE 公式アカウントは、「自分・自社のファンを増やす」という感覚で運用すると成功します。この意味では芸能人や有名人はまさにファンビジネスです。LINE 公式アカウント内で、コアなファンにしか言わないクローズド配信をしたり、限定グッズの先行販売をしたりするなど使い方は様々あるでしょう。

　私も以前、シンガーソングライターの方の LINE 公式アカウントのサポートをしたことがあります。いち早く新曲やライブのお知らせができて、これまた使い勝手がいいとのことです。

　LINE 公式アカウントの活用可能性はまだまだ無限大です。芸能人や有名人の方で使うもよし、これに関連した業界でも思わぬ使い方があるかもしれませんね！

LINE 公式アカウントのブロック率の平均は？

　　LINE 公式アカウントのブロック率の平均は、その友だち数によっても違いますが、平均をとると 30% 程度と考えてよいでしょう。

　　10,000 名も友だちがいれば、3,000 名もブロックされていると考えると、少し多いような気もしますね。平均の 30% とあなたのアカウントのブロック率を比較してみましょう。これより低ければ素晴らしい運用ができていますし、40% を超えてくると改善の余地があるかもしれません。

5年間でかかる採用コストを
1,000万円削減！
LINE公式アカウント採用戦略

　企業にとっての課題の1つとして「採用」があります。慢性的に人手不足、いい人材が集まらない、悩みは尽きません。しかし、ここまで見てきたLINE公式アカウントの特性を考えると、これは売上UPだけにとどまらず、採用についても大きく活かすことができるのです。

売上UPだけではない！
採用に活かせるLINE公式アカウント戦略

　LINE公式アカウントにおいて、その会社や人の「キャラ」を押し出していくと、売上UPにつながることをこれまで見てきました。これは採用という場面でも基本的な使い方は全く変わりません。

　1つ面白い事例を紹介します。私の会社では常時40〜50名のスタッフ（正社員のみならず、アルバイトや業務提携なども含む）が業務に従事してくれています。しかし面白いことにこれらのスタッフを採用するのに、これまで1度たりとも採用にかかる費用を捻出したことがないのです。そう、普段使っているLINE公式アカウントでちょっと採用の募集をしたら、毎回すぐに大量の応募が来るのです。

　私が初めてLINE公式アカウントを採用に使ったのは、今から3年ほど前のことです。当時、私の会社は自分含めてたったの2名。事務仕事が自分の手に負えなくなってきたので、事務スタッフさんを募集しようと考えていました。ただ私は採用のプロではありません。どのようにしていい人材を集めるのか、全くノウハウがありません。

　そこで試しにやってみたのがLINE公式アカウントの配信でした。私の会社は名古屋にオフィスがあるため、愛知県在住の20〜40歳の女性というカテゴリーでセグメント配信を行いました。およそ200名の方だけに配信した結果、なんと10名以上の方から興味がある、と返信をいただくことができたのです。このうち3名の方と面接をし、最終的にそのまま3名の採用が決まりました。

採用された彼女たちと面接をしている中で私自身、気付かされたことがありました。彼女たちはもともと、何らかの形で私の会社に興味を持ってくださった方々です。そして日々、私から送られてくる配信を見ています。私の会社がどのような仕事を行っているのか、代表の私がどのような考え方でビジネスをやっているのか、それを普段から知っていてくれたのです。

　このおかげで面接ではほとんど私の会社のことや業務のことを話さなくても、知っていてくれました。ある種、当社の「ファン」のようになってくれていたこともあり、非常にスムーズに採用が進んだのです。

　この後も過去3年間で合計4回の採用に関する配信をしています。正社員・アルバイト・インターン・業務提携と異なる業種で募集し、2,000名に対して配信をした結果、最終的に30名の応募、そこから6名の採用に至りました。もちろんこれにかかった費用はゼロです。

　年間で3～5名程度を採用する中小企業の採用経費は1年間で200万円くらいだと言われています。5年も同じように採用していたら、5年間で1,000万円です。かたや採用コストゼロ、かたや採用コスト1,000万円。この違いは天と地ほどです。

こんな LINE 公式アカウント制作者には依頼しない方がいい?!

　LINE公式アカウントは企業の課題を複数解決することができます。例えば、LINE広告で新規集客をし、配信でリピートを促進するなどですね。

　LINE公式アカウントは制作を専門家に依頼する方も多いと思いますが、その際に1つ注意点があります。それは、「マーケティング視点を持っている専門家に依頼」した方がいいということです。LINE公式アカウント制作の本質は、いかに売上を上げるか、いかにお悩みを解決に導くかです。言われた通りに構築することや、構築スキルがあることが本質ではありません。

　LINE公式アカウントの制作自体は、web制作と同様、最近では多くのフリーランスが参入しています。彼ら全てがそうとは言いませんが、「マーケティングスキルがあるかどうか」、ここはしっかり依頼時に見極めたいものですね。

第2章

本邦初公開！
すぐに効果が実感できる
簡単テクニック

飲食店・レストランなど外食業界編①

成功の鍵はスタッフの声掛けにあり

LINE 公式アカウントは、飲食店と抜群に相性の良いツールです。そしてその成功の鍵は、スタッフの声掛けによる友だち追加施策にあると言っても過言ではありません。

飲食店成功の鍵はシンプルな 2 ステップ

第 1 章の 33 ページで見たように、飲食店で LINE 公式アカウントを導入する場合は、スタッフの声掛けが最重要項目です。月に 1,000 名の新規来客があるような飲食店であれば、10% の登録率なのか、90% 登録率なのかで友だち登録数は雲泥の差になります。

飲食店の場合、友だち集めをするときには次の 2 ステップで考えます。

ステップ❶　お客様の導線を考え、LINE 公式アカウント登録ポイントを作る

LINE 公式アカウントの登録ポイントをお客様の目の届くところに複数設置しましょう。例えば、お客様が入店する前の入り口、席についてからのテーブル、メニューの中、はたまたトイレや会計時など、登録ポイントは様々あります。

最近では飲食店の店内設計をするときに、LINE 公式アカウントの登録ポイントを考え抜いた設計にする建築会社さんもあるくらいです。

千葉県にある建築会社クリエすずき建設さんは、飲食店の現場に携わる際に、図のような設計を提案されています。

また、図に記載のポスターや卓上 POP は LINE 公式アカウントの管理画面から無料ダウンロードまたは有料で購入ができます。（認証済みアカウントの場合のみ）

▼登録ポイントを意識した店内設計

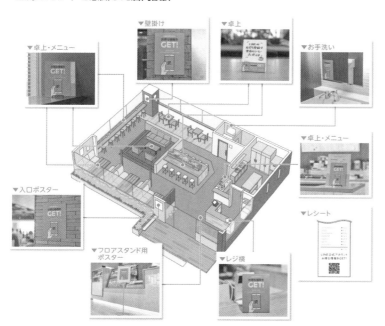

（出典：LINE 社公式ページ https://www.linebiz.com/jp/ebook/oa-get-friends/download/ より）
店内の至るところに LINE 公式アカウントの登録ポイントを作れることが確認できます

　様々な友だち登録ツールがあるため、一度確認してみることをおすすめします。

ステップ❷　スタッフから必ず声掛けをする

　お客様とのタッチポイントを複数設けたら、次は声掛けです。このとき店長だけ、バイトリーダーだけが声掛けするとならないように、必ず全スタッフの意識を統一することが大切です。声掛けするタイミングは大きく分けて 2 回あります。
　1 回目はお水やおしぼりを渡したり、注文を受けたりするタイミングです。
　普通に、
　「よかったら LINE 公式アカウントを登録しませんか？」
と声を掛けるだけではお客様にメリットが伝わりません。友だち登録をしてもらう" 理由づけ " をしたり、メリットをお伝えしたりしましょう。

例えば、

　「本日のデザートがプレゼントされますが、LINE 登録はいかがでしょうか？」
　「本日のお会計が 1 人 100 円引きになるクーポンが GET できますよ！」

などです。

　2 回目の声掛けタイミングはお会計前です。

　「今登録されると、お会計が 1 人 100 円引きになります！」
　「次回使えるドリンク 1 杯無料のクーポン券がもらえます！」

などと声掛けします。このとき、

　「本日のデザートがプレゼントされますが、いかがでしょうか？」

と声を掛けても登録はしてくれませんね。お会計時は既に食事は終わっていますから
（笑）。

　このようにどのタイミングで声をしっかり掛けていくかによっても、声掛けの文言
と登録の特典は変わってきますので、よく考察しましょう。

　飲食店経営をされている方で、LINE 公式アカウントを活用されている方はまだまだ
ほんの少数です。ぜひ友だち集めの声掛けから徹底していき、他の飲食店と差別化を
図りましょう。LINE 公式アカウントは飲食店の救世主になるはずです。

飲食店・レストランなど外食業界編②

友だち追加時あいさつで
「超」お得感 & 面白さを演出

「ドリンク 1 杯無料になりますが、登録されますか？」

もちろんこうした声掛けでもいいのですが、LINE 公式アカウントならではの機能を使えば、さらに登録率が上がること間違いなしです。お得感と面白さの両方を兼ね備えた登録方法をご紹介します。

抽選付きクーポンとカードタイプメッセージで
友だち登録率 UP

飲食店では友だち登録を促す際に、声掛けが大事であると前のパートでお伝えしました。今回は、LINE 公式アカウントの機能を活かして、さらに登録率が上がるような具体的なそれぞれの店舗に合わせた施策を考えましょう。

例えば、私がステーキ店の店長だったとします。ステーキの場合、注文を受けてから提供するまで 10 分程度はどうしてもかかってしまいます。そんなときの待ち時間にということで、注文を聞き取るときに私だったらこのような声掛けをします。

「ステーキが焼き上がるまで少々お時間要しますので、こちらの LINE に登録して、ぜひゲームに挑戦してください！　本日のご飯代が無料になるかもしれません ^^」

そして実際にお客様が LINE 公式アカウントに登録してもらった後は、図のような画面になります。

▼飲食店（ステーキ店）のあいさつメッセージ

図では友だち追加者に対して、
3回の面白い抽選ができるよう
なメッセージになっています

　LINE 公式アカウントは抽選付きクーポンの作成ができます。抽選付きクーポンとは当選確率が 1 ～ 99% で自由に設定ができ、その場で当たり・はずれもわかる LINE 公式アカウントの機能のことです。
　これを図のように 3 枚横に並べて、3 回挑戦できるようにしています。この 3 枚横に並べられる仕組みは、カードタイプメッセージという機能を使っています。

　ちなみに 3 等は当選確率が 99% で本日のシャーベットが無料になります。2 等は当店自慢のサーロインステーキが 20% の確率で当たります。1 等は金券 5,000 円分が 1% の確率で当たります。
　シャーベットの原価が 100 円、サーロインステーキの原価が 500 円だとすると、1 名友だちを獲得するのにかかる経費は以下のようになります。
　（100 円× 99 本＋ 500 円× 20 本＋ 5,000 円× 1 本）/100 ＝ 249 円

　今回はステーキ店の場合で考えた友だち登録特典と追加を促す声掛けでした。こちらの登録特典と声掛けは店舗によってその特色を出すことで、もっと面白いものにできる可能性はあります。
　ぜひ登録率が上がるような登録特典と声掛けを考えてみてください。

飲食店・レストランなど外食業界編③

飲食こそリピート！
再来店を促すクーポン戦略

LINE 公式アカウントはリピートを促進するのに最も適したツールです。1 回目➡
2 回目の来店さえしてもらえれば、その後のリピートはそれよりはるかに容易にして
もらえます。このパートでは、まずはどう 2 回目を来店してもらうかを考えましょう。

飲食店にリピートがなかった最大の意外すぎる理由とは

LINE 公式アカウントの 1 番の醍醐味は、あなたの店舗のファンを作れるというこ
とです。ファンになってもらえるということは、それだけリピートしてもらえる可能
性が高まります。

あなたは「いちごの法則」をご存知でしょうか。一般的に既存のお客様にもう 1 度
リピートしてもらうのにかかるコストを 1 とすると、新規客を集めるのにかかるコス
トは 5 とされます。1 と 5 なので、いちごの法則です。つまり逆から考えると、新規
客よりもリピート客の集客に専念する方が 5 倍もラクなのです。

こんな面白い話があります。ある飲食店にリピートがされない理由を調査した会社
があります。新規来店の方で、3 ヶ月以内に 2 回目の訪問がなかった方に、なぜリピー
トしなかったのかを調査しました。皆さんはこの方々のリピートしなかった理由はど
ういうものだったと思いますか。

味が悪かったから？
店員さんの接客態度が悪かったから？
料金が高かったから？

答えはとても意外かつ単純なものでした。調査されたお客様の 8 割は、

「え？　そんなお店ありましたっけ？」
「そういえば、言われてみるとそのお店に行った記憶もありますが……」

というものだったです。なんと、3ヶ月経った頃には、そのお店の存在も忘れてしまっていました。もう1度お店に来てくれるどころか、そのお店の存在自体も忘れられてしまっては、リピートのしようがありません。

　確かに、「過去3ヶ月で初めて行った飲食店の名前をどれだけ思い出せますか？」と言われると、私自身もほとんど思い出せません。思い出せるのは、感動したレベルのお店か、極端にサービスが悪かったお店くらいです。

　だからこそ、LINE公式アカウントに登録してもらい、定期的に配信し、店舗のことを思い出してもらう必要があります。

定期的なクーポン配信で再来店を促進

　お店に来て登録さえしてもらえれば、後は配信でリピートを促進しましょう。LINE公式アカウントでクーポンを作成して配信をします。やり方さえ覚えれば、クーポンの配信は20～30分で終えることができます。時間のない場合でも、Lステップを使用すれば、来店から〇日後に自動でクーポンが送られる、といったような設定も可能です。

　例えば前のパートで見た、ステーキ店で考えます。この場合、

「次回ステーキ＋50gプレゼントクーポン」
「リピーター様感謝20%OFFクーポン」
「スタッフとじゃんけんして勝ったらデザートサービスクーポン」

など店舗によって様々な内容のクーポンが考えられます。

　ここまで飲食店向けのLINE公式アカウント活用術を見てきました。飲食業界はもちろん、他の業界の方が見ても参考になる部分は多いかと思います。次は美容業界でのLINE公式アカウントの運用アイデアです。様々な業界の事例を見ていき、皆様独自のLINE公式アカウント活用術を確固としたものにしていきましょう。

　なお、本書では運用方法を中心に述べており、ページの都合上、細かい操作方法は割愛しております。本章で見た「友だち追加時のあいさつメッセージ設定方法」「クーポン・抽選付きクーポンの配信方法」に関しては、巻末 154 ページに記載の私の YouTube 動画集から確認ができます。ぜひご参考になさってください。

提案をするときは「I」ではなく「They」で話す

　　私はクライアントに物事を提案するときに気をつけていることが 1 つあります。それはなるべく客観的に話すということです。
　例えば、「LINE 公式アカウントの配信頻度は週何回が理想ですか？」と問われたときに、「週 1 回」というのがアンサーになります。この問いに対して、

A：週 1 回くらいがちょうどいい配信だと思うからです。
B：LINE 社のホームページに配信頻度について書かれている一節があります。そこに掲載されている、成果の出ている企業の 9 割以上が配信頻度を週 1 回に設定していたという事実があったからです。

　A と B であればどちらの方が納得できますか。A はあくまで個人の主観で話しており、週 1 回が「ちょうどいい」のはまさに人の感性によるものだとも言えます。
　一方で B は客観的な事実を述べています。このアンサーに加えて、成果の出ている企業名や企業数など数字があればさらに説得力が増します。データは主観とは違い、揺るがない事実です。
　英語では客観的な事実を述べるときに主語は「They（一般的には〜）」にすることがよくあります。（※ここでは特定の人を指す「彼らは」という意味ではありません。）
　皆さんも相手に提案したいときは、主語を「I」ではなく「They」で説明するような癖付けをしましょう。

2-4

美容室・美容サロンなどサービス業界編①

アンケート機能でお客様の悩みを
徹底記録せよ

　美容室といえば、初めて来店したときに記入する「カルテ」。まだまだ紙で実施しているところも多いですが、これを LINE 公式アカウントや L ステップで代替することで、集客に大いに活用することができるようになります。

カルテの記入がリピートにつながる

　「LINE 公式アカウントを導入すると、最も成果改善できる業界はどこですか？」
　こちらは以前、私が知人にふと聞かれた質問です。
　一言で答えるのは難しいですが、1 つあげるとするならば、「美容業界」だと思います。こちらの章では、美容業界が LINE 公式アカウントを導入すべきメリットについてしっかり見ていきたいと思います。

　美容室に初めて来店すると、ほとんどの場合、カルテ（アンケート）の記入があります。一般的な属性を聞くアンケートはもちろん、

・本日はどんな髪型を希望するか
・どんな髪のお悩みがあるか

なども項目としてあることが多いです。

　多くの美容室やサロンが紙で行っているこのカルテを LINE 公式アカウントで実施することで、多くのメリットがあることを今回はお伝えします。

▼美容サロンで使えるカルテ（アンケート）の一例

質問は自由に設定することができます

　LINE公式アカウントの上級版であるLステップを導入すると、簡単に「回答フォーム」と呼ばれるものが数分で作成できます。いつも紙で実施しているアンケートをこの回答フォームで作成するだけです。お客様もわざわざ紙に記入せず、LINEで簡単に答えられるので、意外と重宝されます。

　ではサロン・店舗側にはどのようなメリットがあるのでしょうか。

メリット❶ 顧客管理がラクになる

　第1章の「Lステップで実現可能なこと8選」で見たように、回答フォームに記入された顧客情報は、すべて自動的にその顧客ページに反映されます。

▼カルテに記入された顧客情報の確認ページ

このように一人ひとりのお客様ページがLステップ上で生成されます（こちらはもちろん管理者しか見られません）

　小さな美容サロンではこうした顧客管理ツールを導入せず、エクセルやスプレッドシートで管理しているところも多いでしょう。しかし、このLステップを導入すれば、アンケートに記入してくれた情報をシートに転記する必要も全くありません。顧客情報を転記する手間が省けます。そして「あの人の顧客情報どこだっけ？」ということもなくなり、全てこちらの顧客情報で完全に管理ができます。

　このようにLINE公式アカウントやLステップは導入すると、業務効率化につながることもたくさんあります。

メリット❷ 顧客情報に応じて情報が配信できる

　こちらは回答フォームとセグメント配信を組み合わせた事例です。例えば、カルテ内に図のように、

▼髪を切る頻度に応じて配信を分ける例

お客様の回答によって配信される頻度も変わるように設定ができます

　「髪を切る頻度はどのくらいですか？」

という質問と選択肢を出していたとします。あるお客様が1ヶ月に1回と答えたとしましょう。このお客様にもう1度髪を切りにリピートしてもらうために、来店から25日後に、

　「そろそろ髪を切りに来ませんか？予約はこちらからが便利です！こちらからの予約なら10%OFFです！」

という配信を流すことができるのです。勘のいい方はすでにおわかりかと思いますが、

・1ヶ月に1回の方　　➡来店から25日後に配信
・1ヶ月半に1回の方　➡来店から40日後に配信
・2ヶ月に1回の方　　➡来店から55日後に配信

というように選択肢によって、配信する日数を変えることができます。しかも場合によっては選択肢ごとに内容を変えることもできますし、1度設定したら毎回設定することはありません。カルテに回答してくれた方、全員に自動で流すことが可能になります。

メリット❸　友だち登録の自動化ができる

最後のメリットは言われてみれば当たり前の話ですが、LINE公式アカウント内でアンケートに回答してもらうことで、それが友だち登録につながるということです。

なんの脈絡もなく、「友だち登録してください！」とスタッフに言われれば、お客様も「なんで登録しなくてはいけないの？」と思ってしまいます。

一方で、「LINEから初回カルテの記入をお願いしています」と当たり前のようにスタッフから言われれば、それを拒否する人は基本的にはいないでしょう。

「カルテの記入をLINE公式アカウントで行う」という構図が成り立つと、友だち登録を拒否されることもなければ、友だち登録のために登録特典を用意する必要もありません。

LINE公式アカウントで
成功できる人・そうでない人

「どんな人がLINE公式アカウント運用で成功できますか？」と問われれば、それはひとえに「継続して配信ができる人」だと答えます。私自身、今まで自社アカウントだけでも4年間運用し、週1回の配信だと仮定しても、単純に200回以上は配信しています。クライアントの配信も含めれば、ゆうに4桁の配信数になるでしょう。どのような配信が成功しやすいか、これは経験によるところもかなり大きいです。

物事にありがちですが、それを始めて1年間継続できる人は何割いるでしょうか。LINE公式アカウントは継続さえできれば、だんだんとコツがつかめてくるようになります。

とはいえ気合いで配信を継続するのは大変ですので、継続できる仕組みを作ってみましょう。私の場合、配信が慣れなかったころは必ず「月4回」すると決め、配信成果をスタッフに報告することを自分に課していました。

美容室・美容サロンなどサービス業界編②

カードタイプ配信でスタッフの得意メニューを打ち出す

　LINE公式アカウントでスタッフの魅力を発信することはとても大切です。「何を買うか」ではなく、「誰から買うか」の時代になっているからこそ、スタッフのキャラを押し出した配信をしましょう。

カードタイプメッセージは誰でも簡単に作成できる

　LINE公式アカウントにはカードタイプメッセージという、とてもおすすめの配信方法があります。なぜおすすめかと言うと、誰でも簡単に作成ができ、なおかつ見栄えがいいからです。

▼カードタイプメッセージを用いた自己紹介例

カードタイプメッセージは方法を
覚えれば数分で作成できます

このカードタイプメッセージを活用して、美容サロンではスタッフの得意メニューやスタッフのキャラを打ち出しましょう。こちらの図は、私の妻が経営する Salon new me というパーソナルスタイリングサロンのスタッフ紹介です。カードタイプメッセージで作成されており、

・自己紹介（テキスト）
・自己紹介（動画）
・得意分野

が見られるようになっております。こちらのサロンでは、新規の予約を全て LINE 公式アカウントから受け付けています。来店される前から、どんなスタッフさんがいるのだろう？とお客様がポチポチ押してくれます。第 1 章でもお伝えしましたが、来店してはじめましてではなく、こうしたボタンをつけておくことで親近感が増し、ビジネスにおいて有利に働くことが多いです。

カードタイプメッセージの分析で人気スタッフも明らかに ?!

　1 つ面白い事例を紹介します。カードタイプメッセージはどのスタッフがどのくらいボタンをタップされたのかもわかります。通常、カードの先頭（1 枚目）が多くタップされる傾向にあります。和歌山県のとある美容室では、カードタイプメッセージで 4 名のスタッフを並べて掲載していました。後日、そのタップ数を分析してみると、4 名のうち 3 枚目に掲載されていた女性スタッフがダントツでタップされていることがわかりました。店長いわく、この美容室で最も人気のあるスタッフだということです。
　最もタップされやすい 1 枚目のスタッフではなく、3 枚目のスタッフが 1 番にタップされていたことは、なんとも皮肉ですね（笑）。LINE 公式アカウントではこのように詳細な分析も可能です。
　この仕組みを応用して、「人気スタッフ投票」「どの商品が 1 番好き？」などの企画でタップしてもらい、No.1 を決定するという面白い企画も考えられますね。

2-6

美容室・美容サロンなどサービス業界編③

店頭声掛け & 配信で売上増大！

　ビジネスにおいては、いかに 1 人あたりの単価を上げていくかも重要な指標になります。こちらでは、LINE 公式アカウントとアナログ的な手法を組み合わせた店販商品の販売方法をお伝えします。

　LINE 公式アカウントをビジネスに活かすには、それ単体で考えるよりも、日頃からあらゆる場面で活用できないか？　と考えることで活用の幅が広がります。どういうことか説明します。

　例えば、美容室によっては、お店で販売しているシャンプーやヘアケア商品をお客様に買っていただくことを目標にしているところもあると思います。

　普通の美容室であれば、お客様の髪を切っている最中におすすめしたり、お会計時にご案内したりするでしょう。しかし、美容室のスタッフにとっては、なんだか売り込み営業のような感じがして、なかなかお客様に上手くおすすめできないと思っている方も少なくないと思います。このとき使えるのが LINE 公式アカウントです。

　仮にある日、LINE 公式アカウントで販売したいと思っているシャンプーの配信をしたとします。この配信には、「購入希望の方はスタッフにお声かけください。」と記載したとしましょう。

　後日、常連のお客様から、髪を切っている最中に、

「そういえば、LINE で見たあのシャンプー、今日購入したいと思っているんだけど～」

と言われる可能性も大ですね。ただ、向こうから「買いたい！」と言ってくれるほど甘くないのでは？　と考えられる方もいるかと思います。それも確かにそうです。でもそんなときスタッフから、

「●●さん、そういえばこの前の LINE の配信見てくれましたか？　実は僕が配信したんです！」

という語り口で始めます。その配信をお客様が見てくれていれば、そこからシャンプー購入につながるかもしれません。逆に配信を見ていなければ、それはそれで OK です。この語り口をフックにシャンプーの話をすることができます。

　いずれにしても何の前触れもなく、シャンプーをおすすめするよりも、配信をきっかけにおすすめした方が、何倍もご案内しやすいし、何倍も売れやすいです。

　これは逆パターンもあるかもしれません。お店で髪を切っているときに、「今度、LINE 配信しますから見てくださいね！」と予めアナウンスしておき、後日配信されたところで購入してもらう（EC サイトなどへ飛ばす、予約フォームに記入してもらう）こともできます。

　やり方・販促の仕方はそのサロン次第ですが、LINE 公式アカウントの配信をフックにすると、売りやすいという事実は変わりません。ぜひ一度チャレンジしてみてくださいね。

　さて、ここまでは飲食店・美容サロンという店舗における LINE 公式アカウント活用術について見てきました。しかし、その一方で店舗を持たない場合の LINE 公式アカウント運用について知りたい方も多いと思います。店舗を持っている場合と持っていない場合ではその戦略が大きく異なります。

　次の節では店舗を持たない代表例として、士業・コンサルタントの方の活用に焦点を当てます。

LINE 公式アカウント運用は複数店舗を持っている企業が有利？

　LINE 公式アカウントは、もちろん制作に手間やお金がかかります。当然、複数店舗のアカウントを制作しようと思えば、その分さらに労力がかかります。

　ところが、本書でも繰り返し紹介している L ステップには「データ移行」という機能があります。これは簡単にいうと、1 つ作ったアカウントを瞬時にコピーできる機能です。この意味で複数店舗を持っている企業やフランチャイズ展開をしている企業などもほとんど手間をかけずにアカウントを制作することが可能になります。

士業・コンサルタント業界編①

「人」ありきの商売は
とにかくキャラを売ろう

商売において「人」の部分は切っても切り離せない関係です。誰からものを買うかが大切な時代。士業やコンサルタントにおいては特にそれが顕著です。今回はLINE公式アカウントで大切な「キャラ配信」の極意を見ていきましょう。

キャラを打ち出す部分を確認しよう

"LINE公式アカウントにおいて自分・自社の「キャラ」を出していくことが大事だ！"

確かになんとなく大事そうなのはわかるけれど、具体的にキャラを出していくということがどういうことなのか、いまいちピンとこない方もいるでしょう。そのため、ここでは実際に私自身の例を紹介してどのようなところで「キャラ」を出しているか共有をしたいと思います。

キャラポイント❶　リッチメニューに自身の似顔絵を掲載する

私はLINE公式アカウントをこれまで4年間ほど運用しています。始めたばかりの最初の1年間はリッチメニューもついておらず、つけていても何の工夫もない状態でした。

しかし、ふとしたことから自分の似顔絵をリッチメニューに描いてもらってからはこれが大当たり。

▼初めて私（筆者）の似顔絵を掲載したリッチメニュー

リッチメニューにスタッフや社長の
似顔絵を掲載すると、評判がよいこ
とが多いです

「堤さんの特徴が表れていてとてもいいですね！」
「お会いする前から親近感がわいていました！」
「こんな似顔絵のリッチメニュー作ってほしいです！」

と、絶賛の嵐。それ以来3年間、私は自社のリッチメニューにずっと私の似顔絵を描いてもらっています。

　特に難しく考える必要はありません。士業・コンサルタントの場合は「自分」が商品になりますから、似顔絵を描いてもらったリッチメニューを掲載することをおすすめします。ちなみにリッチメニューを作成できるデザイナーの中には、イラストも描けます！　という方は多いので、まずは知り合いのデザイナーに聞いてみたり、クラウドサービスで探してみたりするのも1つの手でしょう。

キャラポイント❷　プライベートな情報も交えて掲載
　先ほど見ていただいたように、私の会社のリッチメニューには、代表である私の自己紹介ボタンもあります。自己紹介のボタンを押すと、次の図のようなものが出現します。

▼自己紹介のプロフィールボタン例

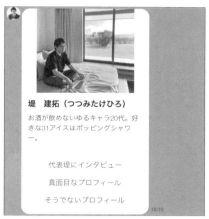

このように真面目なプロフィールと
そうでないプロフィールを載せてい
ます

　こちらの自己紹介はご覧のように「真面目なプロフィール」と「そうでないプロフィール」があります。真面目なプロフィールは私の経歴を中心に載せていますが、一方で「そうでないプロフィール」は以下の通りです。

▼そうでないプロフィールタップ後の挙動

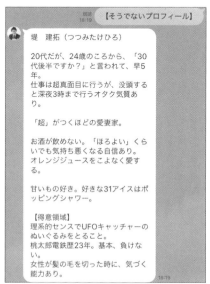

こうした「キャラ」を出せる企業
ほど LINE 活用は成功します

2 本邦初公開！ すぐに効果が実感できる簡単テクニック

これは私の普段のちょけているキャラクターとマッチしているのというのもありますが、こちらを見た登録者の方からメッセージでツッコミやコメントがよく入ります（笑）。

▼インタビュー形式の掛け合い例

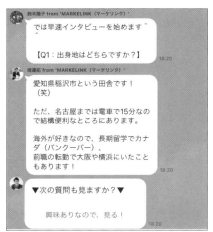

図のように吹き出しのアイコンを
変えることもできます

　さらにはLステップの仕組みを駆使すると、図のように、2人の掛け合いのようにメッセージを繰り広げることもできます。図は当社のスタッフの鈴木さんが私にインタビューして、私がそれに答えている1コマです。
　LINE公式アカウントならではのアイコンと吹き出しを利用した仕組みで親近感を与えることにつながります。

キャラポイント❸　企画配信にもキャラを添えて
　私の会社では定期的にLINE公式アカウントを活用するセミナーを行っています。こちらの参加率に関しては、配信数に対して約1%です。1回配信すると、送った人のうち1%が参加してくれるような平均の数値が確認されています。3,000名に対して配信したら大体30名くらいが参加されるようなイメージです。
　ところがこの数字が4倍になった事例が過去にありました。それは私が「誕生日逆プレゼント配信」と題して2020年に行ったものです。

▼キャラを活かした配信例

通常のセミナー募集配信よりも反応率が4倍近くになりました

　私の誕生日が近かったため、この日の配信では、誕生日をフックに、

「抽選に当選したら通常3,500円のセミナーが無料になります！」

という企画を打ち出しました。結果的には当時送った1,025名のうちちょうど40名の約4%の参加がありました。もちろん無料参加であることも参加率をかなり押し上げたのですが、単になんの脈絡もなく「無料です！」とだけ配信していればここまでの結果は出なかったと思います。

　これだけの参加が一気にあり、セミナーではLINE公式アカウントの良さが伝えられ、LINE公式アカウントを始めよう！　と多くの方に思っていただけました。もちろん当社の売り上げが大幅に上がったのは言うまでもありません。

2-8

士業・コンサルタント業界編②

LINE 公式アカウントであなたの
守備範囲を明確にする

　例えば「コンサルタント」と言っても、どんな分野が専門なのか、どの範囲が強いのかはお客様から見ると意外とわからないものです。LINE 公式アカウントであなたの専門分野を配信することで、ペルソナ通りのお客様を獲得することができるようになります。

専門分野を明記した LINE 公式アカウント活用術

　士業やコンサルタントはどの方も必ず専門分野があります。LINE 公式アカウントを活用したコンサルタントといっても、WEB 系に強い方もいれば、店舗商売のサポートが得意な方まで様々です。私も当然ながら専門分野はあります。

　しかし、私たちが思っているほど、その専門分野や強みというのはお客様に伝わっていない可能性が高いのです。そこで士業・コンサルタントに最適なのが、自分の専門分野を明らかにした LINE 公式アカウントの作成です。
　例えば、公認会計士であり経営コンサルタントをされている KUMA Partners のお2 人、久保さんと圓尾（まるお）さんの LINE 公式アカウントのリッチメニューは図のようになっています。

▼士業・コンサルタントのリッチメニュー例

リッチメニューに掲載のように、
どのような相談が可能か明確です

　久保さんと圓尾さんは、経営や財務に加え、事業承継のプロでもあります。リッチメニュー右上ボタン「事業承継に関するお悩み」をタップすると、次のような図に遷移します。

▼お悩みに対するタップ後の挙動例

事業承継といっても幅は広いですが、
個人の希望に合わせてタップしていた
だけるような形になっています

本邦初公開！　すぐに効果が実感できる簡単テクニック

2

ここからさらにタップすると、さらに図のようなコラムにとびます。コラムを1番最後まで読むと、回答フォームにつながるようになっており、そこから相談ができるようになっています。

▼ボタンタップ後のコラム例

こちらには1,000文字前後で専門分野に関する情報とお問い合わせフォームを掲載しています

つまり、久保さんや圓尾さんがどんなサポートをしてくれるのだろうと思った登録者が、迷うことなく自分のお悩みに合わせてボタンをタップし、最終的にはコラムで納得した場合、相談の申込が入るような導線を組んでいます。

LINE公式アカウントは配信ができるだけでなく、このようにどんなことができるのか・どんなサービスがあるのかを掲載できるホームページに近い側面も持っています。
自分の専門分野や知見を掲載し、理想とするお客様から申し込みをいただくのには最高のツールなのです。

士業・コンサルタント業界編③

プロとして有料級の情報を
無料で配信する

　士業・コンサルタントの場合、LINE 公式アカウント運用において 1 番ネックになるのが友だち登録者集めです。私の元にも日々、多くの士業・コンサルタントの方々から友だち集めに関して相談を受けます。このパートではそんなネックとなる友だち獲得施策について言及していきます。

プロしか知り得ない情報を無償で提供することに価値がある

　私が 4 年前の起業当時から意識していることがあります。それは、

　"これでもか！　というほど有料級の情報を無料で提供する"

ということです。私は起業当初から LINE 公式アカウントに関して情報をまとめたブログを書いてきました。現在は古い情報を削除しているため 60 ほどの記事ですが、トータルで含めるとこれまで 200 以上の記事を書きました。
　ブログを書き始めたころによく言われたのは、

「堤さん、これだけの情報を無料で提供していいんですか？」
「こんなに詳しく書いてくれてありがとうございます！」

というものです。たくさんの感謝をいただきました。「無料で全部提供していたら、自分のサービスが売れなくなるのではないですか？」と言われることも多いのですが、実態はむしろその逆です。しっかりした自分の専門分野の情報を配信していると、多くの方に認知・信頼され、結果的にサービス購入につながります。

私は加えて 2020 年の 1 月から LINE 公式アカウントについて発信する YouTube も始めました。まだまだチャンネル登録者はそれほど多くはありませんが、それでも LINE 公式アカウントや L ステップについて発信しているチャンネルの中では No.1 のチャンネル登録者数です。

　ここでお伝えしたいのは、士業・コンサルタントで店舗を持たないからこそ、こうした SNS やブログなどのオンラインツールを積極的に活用しましょう、ということです。あなたが始められそうなツールであればブログや YouTube にこだわらず、Instagram や Twitter、Clubhouse など何でも大丈夫です。

　そしてそれと共に「これはぜひほしい！」と思ってもらえるような登録特典をつけることもポイントです。私の場合一部抜粋すると、

・LINE 公式アカウントセミナーが抽選で無料になるクーポン
・LINE 公式アカウントの運用法がわかる 1 時間のセミナー動画
・LINE 公式アカウントの正しい運用がわかる 43 のチェックリスト
・L ステップを用いたマーケティングが学べる動画 12 本

などが全て無料でご覧いただけます。当然、これらのコンテンツを作成するのは簡単ではありませんでしたが、私が普段クライアントに提供しているサービスを改めて体系的に一般化したものを特典にしました。
　その結果、ありがたいことに私が特に何も頑張らなくても、今では SNS 経由で 1 ヶ月に 800 〜 1,000 名ほどの登録者があります。
　あなたも「自分がプロとしてお客様に提供できる最も濃い情報」とは何かを考え、ぜひ SNS や特典として掲載していってください。
　Instagram のフォロワーをどう伸ばすか、YouTube のチャンネル登録者をどう増やすかよりも、あなたが提供できる知見は何かをとことん考え、最大限に提供していくことの方がよっぽど本質的であると思います。

2-10

学習塾・習い事系業界編①

チラシに QR コードをつけて
潜在顧客を獲得

　自分の得意を武器にして、小さく習い事ビジネスを始める個人事業主の皆様。はたまた地域密着で学習塾をやっている塾のオーナー。こうした業界も LINE 公式アカウントは十分に活用ができます。

チラシ× LINE 公式アカウントで効果的な集客を

　地域密着ビジネスの場合、新聞折込を入れたり、ポスティングをしたりすることもあるでしょう。SNS の台頭などにより一時期よりはこうした紙媒体の広告効果も落ちていると聞きますが、まだまだこうした販促方法に頼っている方も多いのではないでしょうか。

　皆さんが学習塾のオーナーで生徒集客に新聞折込を考えているとしましょう。皆さんだったらどんなチラシのデザインやキャッチコピーにしますか？

　私が LINE 公式アカウントのプロとして 1 つ提唱したいのは、チラシ自体に LINE 公式アカウント登録の QR コードをつけることです。

　折込チラシは目を引く分、効果はありますが、紙媒体であるためすぐに捨てられてしまう可能性があります。しかし、折込チラシ上で LINE 公式アカウントに登録してもらうような導線を作れば、チラシが捨てられたとしても、情報は興味者の LINE に送ることができます。

　特に学習塾の場合、時期によってはリードタイムが長いこともあります。11 月に入った折込チラシを見ても、学年が変わる 4 月に塾を検討している方であれば、それまで折込チラシを持参していることは考えづらいです。一方で、11 月の折込チラシから LINE 公式アカウントに登録してもらえれば、ブロックされない限り、4 月の入塾検討時期まで、そのお客様と接することができます。

チラシ× LINE 公式アカウントで効果測定を

　もう 1 つ折込チラシなどの紙媒体に LINE 公式アカウントの QR コードをつけるメリットがあります。それは効果測定ができることです。

　通常、折込チラシを 2 万枚まいたとしても、最終的に何件問い合わせがあったかという効果しか測定ができません。

　一方で LINE 公式アカウントの QR コードには、「パラメーター」と呼ばれるものを付与することができます。これはその QR コードからどのくらい友だち追加があったかもう少し細かい粒度で効果測定もすることができます。（L ステップであれば 18 ページで見たように、流入経路が測定できる機能もあり、こちらでも同様の分析が可能です）

▼パラメーター設置時の画面

どこから友だち登録があったのかを知ることは戦略上、重要なポイントです

　これを知っているとポスティング× QR コードはさらに有効的であることがわかります。例えば、個人でピアノ教室をやられている方を想像してください。自作の A4 チラシに LINE 公式アカウントの QR コードをつけて、そこから申し込みの連絡を入れてもらうような設計です。

　私の知人でも散歩をしながら1日50枚や100枚ポスティングされている方がいます。少し手間はかかりますが、日ごとにQRコードを変えれば、パラメーターによっていつ散布したポスティングのチラシから問い合わせがあったのかもデータでわかります。

　例えば、パラメーターを使うと以下のような図に落とし込むことができます。

▼ポスティングした日によってQRコードを変える場合

ポスティング日	ポスティング枚数	友だち追加数	問い合わせ数
1/15	100	3	1
1/16	50	0	0
1/17	70	2	1
1/18	80	1	0

　この考え方を応用すると、ポスティングをした地域によってQRコードを変えて効果測定することも可能です。

▼ポスティングした地域によってQRコードを変える場合

ポスティング地域	ポスティング枚数	友だち追加数	問い合わせ数
A地域	60	1	1
B地域	60	0	0
C地域	80	2	1
D地域	100	2	0

　折込チラシやポスティングをただ実行するだけでなく、LINE公式アカウントが持ちうるこうした機能と組み合わせることで、色々とできることはありますね。

学習塾・習い事系業界編②

保護者との連絡ツールで退会防止

売上を UP していくために見落とされがちなのが、退会防止。保護者との連絡ツールとして LINE 公式アカウントを活用し、休会や退会は未然に防いでいきましょう。

売上 UP の根底には「守り」の部分あり

最初に私の話を少しさせてください。私は会社員時代、英会話スクールの ECC で神奈川県にある ECC ジュニア計 57 教室の集客支援をするという部署に所属していました。神奈川県には 700 以上の ECC ジュニア教室がありましたが、私の担当していた 57 教室が、前年比での生徒数伸び率で No.1 という結果になりました。

この結果をもたらした結論を言うと、「退会者を出さない」という基本に忠実な施策にあったのです。社内では「継続率」という指標で見ていたのですが、当然私の担当する教室では継続率が神奈川県の他地域に比べて No.1。継続率は 82% 超という数字でした。英会話教室の場合は、小 6 ➡ 中 1 や中 3 ➡ 高 1 にあがるタイミングで卒業となることが多いのですが、それを加味しても 82% という数字です。卒業以外に、「満足度」が低いことによる退会は極端に少ないということがわかります。これがいかに高い数字であるかはおわかりいただけるかと思います。

退会防止には LINE 公式アカウントが有効

話を戻しますと、この退会防止策で LINE 公式アカウントを有効活用できる、というのがこのパートでのお話です。

地域密着の英会話教室では、通っている子どもたちに「手紙」を渡して保護者に案内したり、時には電話連絡したりと専らアナログであることが多いです。

しかし、入会時に教室の専用 LINE 公式アカウントに登録してもらったらどうでしょうか。

　例えば 100 名ほどの生徒がいる英会話教室を想像してください。何か保護者にお知らせしたいことがあり、手紙を作成するのも 100 名分となれば一苦労です。電話となれば日が暮れてしまいます。

　では LINE 公式アカウントであればどうでしょうか。配信メッセージの作成に 10 分、配信自体は 1 分で終了です。本当に労力がかかりません。さらに子どもが親に手紙を渡し忘れた！　や電話に出てくれない、ということもありません。

　さらに LINE 公式アカウントは一斉配信だけではなく、LINE のように 1：1 でトークもできます。退会の 1 番の原因は、教室と保護者のミスコミュニケーションによる部分が大半です。保護者の不満が溜まる前に日ごろから LINE 公式アカウントの 1：1 トークでコミュニケーションが取れるような関係でいれば、火種が大きくなる前に相談が入るでしょう。

　退会防止に奇策はありません。日ごろからの密なコミュニケーションが大切です。そのコミュニケーションの効率化をしてくれるのが LINE 公式アカウントだと言えます。地域密着で習い事をやられているスクールほど、こうしたツールはぜひ取り入れてほしいものです。

LINE 公式アカウントの配信頻度は どのくらいがベスト？

　「LINE 公式アカウントの配信頻度はどのくらいが良いですか？」と私もよく聞かれることがあります。簡潔にアンサーを言うならば、「週 1 回程度」が望ましいです。

　理由もシンプルで、これ以上配信してしまうとブロック率が上がってしまうからです。ただブロックされるからと言って配信しないのも本末転倒。月 1 回や 2 回ではあまりにも少ないです。そのため、ちょうどいい頻度となるのが週 1 回（月 4〜5 回）です。あまりにたくさん配信がきてしまうと、あなたの配信を「飽き」てしまう方も一定数出てきます。是非この頻度を基準に配信計画を練ってみてください。

2-12

学習塾・習い事系業界編③

新規生向けリッチメニュー・在籍生向けリッチメニュー

集客用の LINE 公式アカウントや在籍生用の LINE 公式アカウント。いくつも LINE 公式アカウントを管理するのは大変！そんな課題も解決できる方法があります。1 つの LINE 公式アカウントで集客用・在籍生用のどちらにも対応できるスマートな方法をお伝えします。

L ステップ導入で条件によってリッチメニューを変更

この章で見たように、塾や習い事ビジネスの場合、新規生獲得用と在籍生サポート用の 2 つのパターンで LINE 公式アカウントの運用が考えられます。もちろん 2 つのアカウントを作成してそれぞれ管理するということもできます。しかし、中には「2 つも管理できない。1 つの LINE 公式アカウントでまとめて管理できないか？」という声があるのも事実です。これを実現させるのが L ステップの導入です。

L ステップの場合、友だちや条件によって掲載するリッチメニューを変えることができます。例えば、こちらはこれから著者になりたい方を育成する出版スクールの L ステップです。

▼新規生用と在籍生用のリッチメニューの違い

❶

講師の自己紹介	出版のメリット	リアルな出版体験談
出版社とのコネクション	受講者の出版本一覧	セミナー申込

❷

講師よりスクール生へ	スクール生の出版実績	この LINE を友だちに紹介する
販促のよくある質問	販促サービス	セミナー開催情報

1 つの LINE 公式アカウントの中で、友だち・条件によって、このようにリッチメニューを変更することが可能です

❶が出版スクールを検討している方（＝新規生獲得用）のリッチメニューです。対して❷が出版スクールに通っている方（＝在籍生用）のリッチメニューです。

　比較していただくとそれぞれで項目が少し違うのがおわかりいただけるかと思います。Lステップでは一人ひとりに「タグ」をつけることができます。

　例えば、在籍生の方には「在籍生」というタグをつけ、このタグが付いている方には在籍生用のリッチメニューを出すという手法です。逆に「在籍生」のタグがついていない方には自動で新規生用のリッチメニューが出現するようにできます。

　リッチメニューだけでなく、配信も新規生と在籍生で切り分けることが可能です。

　さらに細かいことを言うと、「新規・在籍」という切り分けだけではなく、幅広く活用ができます。学習塾であれば学年ごとにタグをつけて、リッチメニューや配信を切り分けることも想定できます。

　このように使い分け・切り分けは無限大です。ぜひあなたの場合、どのような切り分けができるか考えてみてくださいね。

　ここまでは学習塾や習い事ビジネスのLINE公式アカウント活用術について見てきました。続いてのページでは、同じ地域のビジネスでも不動産や工務店など高単価な商材を扱うものを見ていきます。

　その中でも特に有効活用できるのが「LINE公式アカウントの友だちを集めることができる広告」です。次の章で具体的に扱いますが、これは不動産や工務店だけではなく、これまで見てきた飲食・美容・塾などのビジネスでも十分に活用ができる必見の項目です。

2-13

不動産・工務店など高単価商材業界編①

超効率よく集客できる
LINE 友だち広告を活用

「LINE 友だち追加広告」は、LINE 公式アカウントを活用するなら外せない項目です。LINE 公式アカウントを作り込むことで、広告との相乗効果を発揮します。他の広告に比べ、設定項目も少なく、初心者でも簡単に始められます。

LINE 広告の全体イメージを把握しよう

LINE 公式アカウント内から、友だちを集めるために出す広告として、「LINE 友だち追加広告」があります。この LINE 広告はありとあらゆる業界で活用ができますが、特に高単価な商材を販売している業界と相性が良いです。

ONE POINT

やってしまった…！
LINE 公式アカウントうっかりミス

LINE 公式アカウントのプラン変更は要注意です。月 15,000 通まで配信できるプランをライトプランと言い、こちらは月 5,000 円で使用することができます。とあるライトプランを使用していた企業の話です。それまでは毎月 15,000 通内におさまっていた配信ですが、当月に 45,000 通くらいの配信数になりそうだったため、急遽、月 45,000 通まで配信できるスタンダードプランに変更しようとしました。

しかし、LINE 公式アカウントにおいて、ライトプランからスタンダードプランへは月の途中で変更することができません（翌月 1 日にしか切り替わらない）。では代わりにどうなるかというと、追加 1 通あたり 5 円の課金が発生します。

つまりこのケースの場合、追加の 30,000 通に 5 円が乗じて、150,000 円の追加費用がかかってしまったのです。

LINE 広告の詳細設定を見る前に、まずは活用方法をイメージしていただくために全体概要をお伝えします。下の図をご覧ください。

LINE 広告費用対効果　測定テンプレート

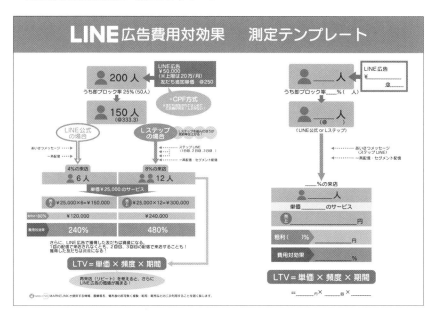

LINE 広告の費用対効果を考えるときに、重要な指標をまとめています

こちらは LINE 広告を出稿する際に私がイメージしているものを図式化したものです。例えば、50,000 円の予算で LINE 広告を出稿するとします。LINE 広告を出稿すると、業種や条件にもよりますが、今回は 250 円で友だちが 1 人集まると仮定します。

　50,000 円 /250 円= 200 名
ということで、200 名くらいの友だちが集まります。ただ、このうち、
　「友だち登録したけれど、やっぱり何か違うからブロックしよう」
ということですぐにブロックされてしまう場合も一定数あります。これを「即ブロック」と呼ぶことにします。

　即ブロックが大体 25% と仮定すると、結論、50,000 円で約 150 名の友だちが集められることになります。

ここからが LINE 公式アカウントや L ステップの出番です。あいさつメッセージ・ステップ配信・一斉配信などを通して、興味を持ってくださった方が来店したり、商品購入をしたりしてくれます。

　このとき、購入率が 4% と仮定すると、150 名のうち 4%、つまり 6 名の方が商品購入に至ります。この商品の売値が 25,000 円、粗利が 80% だとすると、売上は 150,000 円（粗利は 120,000 円）となります。

　結果的に、50,000 円の予算に対し、対売上で見ると 300%、対粗利で見ると 240% の成果が出たことになります。こちらの数字はあくまでも全て仮定ではありますが、LINE 広告の費用対効果のイメージはなんとなくつかんでいただけたかと思います。

なぜ高単価商材と相性がいいのか

　ここからは LINE 広告の詳細を見ていきます。まず LINE 広告が流れる場所についてです。

▼LINE 広告の流れる LINE 上のタイムライン

タイムライン上に他の投稿と同じように
自然な形で広告が流れます

　左下の図のようにLINEのタイムラインやLINE NEWSなどに掲載されます。

　次に予算に対する友だち追加について見ます。先ほどは「50,000円の予算に対して、200名の友だちが集まります」とお伝えしましたが、LINE広告は"掛け捨て"の広告ではありません。

　LINE広告はCPF（Cost per Friends）方式です。CPF方式とは、簡単にいうと、「友だちが1名追加されて初めて広告課金が発生します」という意味です。つまり、裏を返していえば、どれだけ広告が流れても、1名も友だちが追加されなければ、広告費は一切かかりません。

　同じSNS広告である、Facebook広告やInstagram広告はCPF方式ではなく、広告が流れた時点で課金されます。この点でLINE広告とそれ以外の広告では大きな差があります。

　LINE広告の出稿には私もこれまで幾度となく携わっていますが、大体150〜200円くらいで1名の友だちが集まるケースが多いです。Facebook広告やInstagram広告でこの数字は不可能ではないですが、そう簡単に実現できるものではありません。もちろんLINE広告でも幅があり、あくまで平均をとると150〜200円/1名となります。ちなみに過去最安値は、1名あたり38円で友だち追加できた事例もあったくらいです。

　業種によっては「たった」これだけの金額で友だちが集められるため、LINE広告を使わない手はないのです。例えば、200,000円/月の広告費をかけ、1名あたり200円単価だとすると、1,000名集まったとします。不動産や工務店などは1件あたりの成約による利益は大きいですから、仮に1,000名中、1件の問い合わせであったとしても十分元を取れるケースは往々にしてありますよね。

出稿作業はたったの 10 分。ランディングページも不要

　私が LINE 広告をおすすめする理由として大きいのが、初心者でも簡単に始められることです。

▼LINE 広告の出稿イメージと条件

LINE 広告は複雑な設定は不要で、誰でも簡単に始められます

　この図が全てを物語っています。LINE 広告を出稿する際に必要なのは、画像と説明文、そして出稿条件のみです。通常、広告を出稿する際は、LP（ランディングページ）と呼ばれる 1 枚ものの商品紹介ページを作ることが多いです。ですが、この LP も制作には予算がかかります（相場は 30 ～ 50 万円）し、制作するとなったら手配に時間もかかります。

　LINE 広告の場合は上の図のような画面から直接 LINE 友だちに追加されるため、LP は不要です。LP 制作にかかる時間もお金も省けるので、これは広告出稿初心者にとって大きなメリットになります。

　一方で、出稿条件は詳細に設定できます。例えば、愛知県名古屋市で工務店を営んでいる場合、愛知県以外、もっと言うと名古屋市外にお住まいの方はターゲットになりづらいですね。そのため、名古屋市内にお住まいの方だけに LINE 広告を出稿していきたい、となります。

▼LINE 広告の配信先設定画面

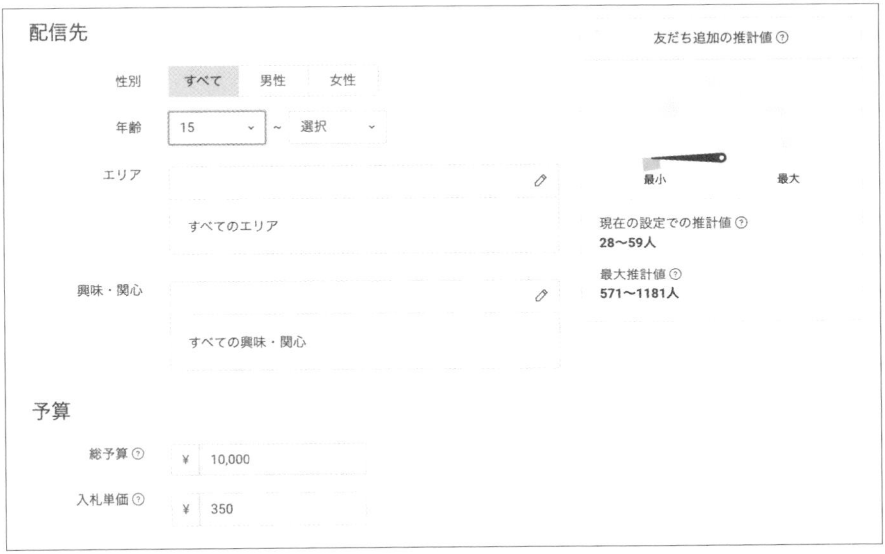

| 配信先 | | 友だち追加の推計値 ⑦ |

性別　すべて　男性　女性

年齢　15　∨　～　選択　∨

エリア　　　　　　　　　　　　　🖉　　最小　　　　最大

すべてのエリア　　　　　　　　　現在の設定での推計値 ⑦
　　　　　　　　　　　　　　　　28～59人

興味・関心　　　　　　　　　　🖉　最大推計値 ⑦
　　　　　　　　　　　　　　　　571～1181人

すべての興味・関心

予算

総予算 ⑦　　¥　10,000

入札単価 ⑦　¥　350

出稿エリアに関しても、県単位ではなく、基本的には市区町村単位で選択することができます

　LINE 広告は上の図のように、性別、年齢、エリア、興味・関心で絞って出稿できます。出稿範囲を絞ることで、適切なターゲットに広告を届けましょう。

　この辺りの設定も慣れてしまえばたったの 10 分で完了です。あとは審査に通して、広告が流れるのを待つのみです。私の知っている限りで、これほどまでに設定が容易で、しかも効果が出やすく、費用も最小限に抑えられる広告を他には知りません。

　LINE 広告についても詳細な設定方法が知りたい方は、154 ページにある YouTube 動画一覧から確認してみてください。

本邦初公開！　すぐに効果が実感できる簡単テクニック

不動産・工務店など高単価商材業界編②

キャラ・ウリ・お役立ちを
バランスよく

前のパートでは LINE 広告の凄さを見ましたが、いくら LINE 広告で友だち集め
をしても、肝心の LINE 公式アカウントの中身がイマイチでは売上につながりませ
ん。中身をブラッシュアップして、売上につながるように努めましょう。

LINE 公式アカウントがザルでは広告も無意味

ここまで LINE 広告の威力は前のパートで確認できました。しかし、どれだけ LINE
広告を出稿しても、LINE 公式アカウントが何も設定されていなく、不十分な設計では
商品の申し込みは入らないでしょう。実は私の元にも LINE 広告はやってみたが、設
計が不十分なためかお問い合わせが全く入らないという相談を経営者からよく受ける
ようになりました。まずは LINE 公式アカウントを充実させることが先決です。

この意味で 1 つ意識したいことがあります。それは、**「キャラ・ウリ・お役立ちを
バランスよく」**です。LINE 公式アカウントで自社のキャラを出していくことの大切さ
は先に述べた通りです。しかし、逆にキャラを押し出すばかりであっても商品は売れ
ません。何事もバランスが大切です。

百聞は一見に如かず。ここで私が考える地域で不動産業を営む方のおすすめリッチ
メニュー構成を例にとって見てみましょう。

▼不動産業のリッチメニュー例

業界歴 20 年！ 堤のプロフィール	LINE でいち早くお届け！ 名古屋市内のおすすめ物件情報	不動産 Q&A よくあるご質問
あなたにぴったりの物件 をご紹介 AI おすすめ物件診断	不動産を学ぼう！ 堤の不動産 豆知識ミュージアム	お問い合わせ

　こちらは私が愛知県名古屋市の地域密着で行っている不動産屋さんを想定して考えたリッチメニュー構成です。1 つずつ見ていきましょう。

　まず左上は、「キャラ」を押し出しています。この不動産を扱っているのはどんな人物なのか、「人」を知っていただきます。このボタンに記載の項目も、単純に「自己紹介」だけでは興味はそそられないでしょう。例えば、業界歴が長い方であれば、ワンポイントで図のように表記するのも良いでしょう。このようにリッチメニューの文言は「気の利いた一言」をプラスするのがおすすめです。

　真ん中上は、おすすめ物件情報です。これは「ウリ」にあたります。LINE 友だち登録者は、「いい物件がないか」調べるために LINE 公式アカウントに登録する方が大半です。このように利用者の利便性を考えたボタンは必須です。「LINE でいち早くお届け！」とライティングすることで、どこよりも早く LINE 公式アカウントで公開するから、登録するメリットがあるよ！と訴求させることもできますね。

　右上は、よくあるご質問です。これも「ウリ」になるかと思います。よくある質問を掲載することで、登録者を「教育」することができます。また「お役立ち」と捉えることもでき、不動産初心者がよく疑問に思うことの回答も掲載しておけば、登録者に価値提供もできますね。

　左下は LINE 公式アカウントや L ステップならではのコンテンツです。これは「キャラ」と「ウリ」の要素が両方入っています。詳細は次のパートでお伝えしますが、ポチポチ押し進めていくと、まるで AI が診断してくれたかのような、登録者にぴったりの物件をおすすめするコンテンツを作ることができます。

真ん中下は、「お役立ち」のコンテンツです。不動産を購入するときに知っておいた方がいいコンテンツを掲載していきます。必要によってはブログ等にとばしてもいいでしょう。こちらに記載された情報を登録者が見ることによって「教育」することができますし、何よりもあなたに対する信頼度が増すでしょう。

最後に右下はシンプルに問い合わせボタンです。いくら「キャラ」「ウリ」「お役立ち」情報のバランスが良くても、問い合わせする場所がわかりづらければ、問い合わせの機会損失が発生してしまいます。**「問い合わせボタンはシンプルにわかりやすく」**の原則です。ぜひ覚えておきましょう。

今回はリッチメニューを例にとりましたが、この他にも友だち追加時あいさつや定期的な配信をしっかり計画立てて行っていくことで、LINE 広告の意味が初めて出てきます。本パートを参考に自身の LINE 公式アカウントをぜひブラッシュアップしてみてくださいね。

PREP 法の E は Example よりも Episode

　プレゼンや商談など、相手に何かを伝えるとき必要になるのが話のわかりやすさです。たかが日本語、されど日本語。この "わかりやすい" ということは LINE 公式アカウントでの配信も例外ではありません。

　話をわかりやすくする手法として有名なものに PREP（プレップ）法があります。話を P（Point：要点）➡ R（Reason：理由）➡ E（Example：例）➡ P（Point：要点）で構成するとわかりやすくなるというものです。

　私は海外にいたことも長く、英語を話す上では多くの場合、この構成になっていることが多いです。英語圏では話がわかりやすいことが評価される傾向にもあります。

　PREP 法自体は有名ですので、ご存知の方も多いかもしれません。私はこれに加えて、E は Example ではなく、Episode で話すとよいかと考えます。

　本書もなるべくわかりやすくするよう、どこにでもあるような借りてきた例ではなく、私自身が体験した「エピソード」が満載です。何か伝えたいことがあるとき、あなた自身の言葉、つまりエピソードで語ると納得されることが多いです。そのためには自分自身が、人生において様々なことに挑戦し、多くのエピソードを語れるようにしたいものです。

不動産・工務店など高単価商材業界編③

LINE 上でゲームを作成し
顧客満足度を上げる

LINE 公式アカウント・L ステップ運用でおさえておきたいポイントの 1 つとして、ゲーム性を持たせたコンテンツが作成できるということです。ここでは「診断」「クイズ」「おみくじ」の 3 つの事例を取り上げます。

LINE 公式アカウント・L ステップだけの強みを活かす

LINE 公式アカウントのリッチメニューは、自己紹介やどんなサービスを販売しているかなどが掲載でき、非常に便利です。しかし裏を返すと、自己紹介やサービスの掲載はホームページにそれらを掲載するのと何か異なるでしょうか。

こうした一般的なコンテンツのみですと、ホームページ上の情報が LINE で見られるだけになります。ホームページとなんら変わりがないです。ここに LINE 公式アカウント・L ステップでしかできないこと・強みを付与していくとさらに素晴らしいアカウントになります。

今回は L ステップならではの「診断コンテンツ」や「クイズコンテンツ」、「おみくじコンテンツ」について触れてみます。

▼ゲームコンテンツを体験いただくための L ステップ

まずはイメージしていただくためにも、こちらの QR コードを読み込んでみてください。

こちらは私の会社が運営する L ステップです。

▼「診断」コンテンツの例

全 5 問程度の質問から、おすすめの
サービスを診断するコンテンツです

図の部分をタップしていただくと、「あなたにあったオススメサービス診断」ということで、5 問程度の質問にお答えいただきます。最終的には 50 パターンの中から、タップした方におすすめのサービスが診断される仕組みになっています。

▼「クイズ」コンテンツの例

全 10 問のクイズで登録者が楽しめ
ると共に「教育」にもなるコンテン
ツです

　こちらは「クイズ」のコンテンツです。LINE 公式アカウントや L ステップに関する全 10 問が出題されます。全 10 問答えていくと、最終的にあなたは全部で何問正解です！　という応答があります。

▼「おみくじ」コンテンツの例

1 日 1 回だけしか引けないという仕組みもできます

　最後に「おみくじ」のコンテンツです。タップすると、ランダムでポイントが付与されます。このポイントを貯めると豪華景品と交換できる仕組みにしています。1 日 1 回のみのタップになっており、2 回以上タップすると、「明日もまた挑戦してね！」というアナウンスが流れるようになっています。

　実際に QR コードから登録された方はおわかりいただけたかと思いますが、こうしたゲーム性を持ったコンテンツを L ステップで作成することができます。

ゲームコンテンツを自社のアカウントに活かす

　では街の不動産屋さんや工務店の場合、どのような「ゲーム」が考えられるでしょうか。
　例えば、不動産屋さんの場合、

・あなたにぴったりのオススメ物件診断
・不動産売買　それほんと？　全10問クイズ
・1日1回　不動産投資シミュレーションゲーム

などはパッとすぐ思いつくでしょう。

　　工務店の場合、

・あなたはどのタイプ？　住みたいお家診断
・これだけは知っておきたい！　基本のリフォームクイズ
・ポイントを集めて挑戦！　豪華景品が当たる大抽選会

などが考えられますね。
　それぞれのコンテンツに関してはこちらにあげたものを参照に自社にあわせて作成することが可能です。しかしここで大切なのは、「ただゲームで面白ければいい」というものではありません。その裏にある仕組みやなぜそのコンテンツを作るのか、明確な戦略が大切です。

　1つ例を取り上げてお話します。先ほど見たように、私のLステップには1日1回おみくじが引けて、ランダムでポイントが貯まるような仕掛けがあります。ポイントを貯めていただくと豪華景品と交換ができます。ではなぜそもそもこのコンテンツを作っているのか、をお伝えします。

　きっかけは2020年夏のことでした。自分の会社のLステップを分析しているときに1つのことが判明しました。それは、

「たくさんボタンをタップしてくれる方ほど商品購入率が高い」

ということです。3回しかタップしていない人よりも、30回タップしている人の方が商品を購入してくれているというような意味です。

　そしてこの分析結果をさらに後押しさせることも私自身が体験しました。

　2020 年 10 月のこと、県内で複数店舗展開している、とある私の好きなハンバーグ屋さんに行ったときのことです。おそらく半年以上ぶりにお店に行きました。すると、私はお店がアプリを始めていることに気づき、そのアプリには、「1 日 1 回スクラッチをして、ポイントを貯めよう！」というゲームがありました。

　私はこのアプリに登録し、毎日のようにスクラッチをすることになります。そしてふと気づいたことがありました。アプリのスクラッチゲームをする前までは 1 年に1 〜 2 回ほどしかお店に足を運んでいなかったところ、このゲームをやり始めてから3 ヶ月の間に計 3 回もお店に行っていたのです。

　確かにアプリを開くたびに美味しそうなハンバーグやステーキが見えたので、「今日の夜は外食でステーキにしない？」と妻を誘っていたのを思い出しました（笑）

　これをもとに、

「多くのボタンをタップしてもらったり、ログインの回数を増やしてもらったりするような LINE 公式アカウント・L ステップを作成すれば、自ずと売上は上がる」

という仮説を私は立てました。そして 2020 年秋から約 2 ヶ月間かけて、ご紹介した「診断」「クイズ」「おみくじ」等を取り入れたコンテンツを作成し、2021 年 1 月1 日に新しい L ステップを公開しました。

　結果はまさに仮説通りとなり、新しい L ステップ公開前 2 ヶ月と公開後 2 ヶ月で約1.3 倍の売上比となりました。
　このように、ゲーム性を持たせたコンテンツは、登録者に楽しんでもらう面白さだけではありません。そこには明確な戦略があり、売上アップに欠かせない切り札となっているのです。

2

本邦初公開！　すぐに効果が実感できる簡単テクニック

ECサイト・WEBサービス業界編①

PV数次第では売上数十倍も実現できる魔法の友だち集め

WEBサイトやECサイトの訪問者数が多い場合はチャンスです。LINE公式アカウントに登録してもらえるような導線を組めば、サイト訪問者を取り逃がすことなく、長期にわたって商品の販売訴求ができるようになります。

サイトの訪問者が多い場合は、LINE公式アカウント活用の大チャンス

私のところに来る相談者で最近少しずつ多くなってきたのは、LINE公式アカウントの友だち集めに関する「リソース」がある方です。つまり、上手く使えばLINE公式アカウントを用いて売上が大幅にUPする可能性を秘めているのに、十分活用できていない方です。

自社で保有しているWEBサイトやECサイトへのアクセスが多い場合、かなりのチャンスです。本書にも登場した、可愛らしいデザイン婚姻届を販売している「婚姻届製作所」はもともとECサイトへの訪問者数が月間で45,000～50,000名ほどいました。

ただ、これに対してLINE公式アカウントへの登録数が月間で100名前後となっており、訪問者に対しての登録率は0.25%と決して高くはありません。

第1章でもお伝えしたように、この登録率を高めるべく、婚姻届製作所ではシンプルな施策を考えました。

▼ デザイン婚姻届を販売する婚姻届製作所

オリジナルの婚姻届を作成できるなど、デザインの種類も豊富です

　それまでは EC サイトのサイドバーに「LINE 登録お願いします！」とだけ画像を掲載していました。友だち登録率を改善するためにこの画像に対して 2 つのことを実行しました。

　1 つは、「LINE 公式アカウントの友だち登録で、婚姻届が 10%OFF になります！」とのアナウンスを画像内に付け加えました。

　「そもそもデザイン婚姻届に興味がない人は 10%OFF クーポンを出しても意味がないのでは？」という考え方もありますが、こちらの婚姻届製作所ではもともと月間で 1,000 通ほどデザイン婚姻届が売れているというデータがありました。つまり、「どうせ購入するなら LINE 公式アカウントの登録をした方が安くなる」という購入者の気持ちを考え、まずは「購入者＝ LINE 公式アカウント登録者」の図式が成り立つようにしたのです。

▼ECサイト上にポップアップバナーを出した例

ポップアップを出しただけで友だち増加数が
8〜10倍になりました

　そしてもう1つの施策は、図のようにECサイト上にポップアップバナー画像を出すようにしたことです。従来のバナー画像の位置では、わかりづらく、認知されていないことに問題がありました。この問題に対して、

・初めてサイトを訪問する方にポップアップを出す
・一度ポップアップが出た方には1週間経過したら段階で再度出す（毎回出ると目障りなため）
のように実施しました。

　その結果、従来、月間で100名前後だった友だち登録者が見事に月間で850〜1,000名超の登録に至るまでになったのです。もちろん、考察はしましたが、実施したことはただ「ポップアップバナー画像」を出しただけです。WEBサイトやECサイトにリソースのある方は、LINE公式アカウントの見せ方や導線を変えるだけで、友だち登録率が一変することがあります。
　自社サイトのPV数は多いのにLINE公式アカウントはやっていない！という方は尚更チャンスでしょう。ぜひご自身のサイトの訪問者数も確認されてみてはいかがでしょうか。

EC サイト・WEB サービス業界編②

「この商品もオススメです」で 売上 UP

Amazon でよく見かける「この商品を買った人はこんなものも買っています」。実はこれを LINE 公式アカウントで配信することも仕組み的には可能です。適切なタイミングで適切な商品の訴求を自動化して行えば、工数をかけることなく、売上を上げていくことが可能になります。

新規顧客よりも既存顧客に目を向ける大切さ

「新規客に商品を買ってもらうより、すでに自社商品を購入してくださった方に追加で購入してもらう方が容易である。」

これはビジネスにおける 1 つの考え方であると思います。すでに自社商品を購入してくださった方は、満足度の高い方です（最良のサービスを提供し、満足度が高いということが前提ですが）。この方々にさらに満足してもらうために、さらなる商品の提案をする、こちらの方が自社のことを全く知らない新規客を振り向かせるよりもよほど容易ではないかと考えます。

私のＬステップでもこの考え方を用い、「A という商品を買った方に B という商品をおすすめする」機能を設置しています。

▼筆者の会社の WEB サイト上にある動画販売ページ

▼ご購入はこちらから▼（今すぐ動画視聴できます）

※注意：クレジットカード入力後、画面が遷移して決済完了ページが出るまで、絶対に
ページを閉じないでください。決済が正常に完了しない可能性があります。また遷移後の
ページにて、動画の視聴案内URLがございます。

【動画】LINE公式アカウント集客攻略セミナー

メールアドレス

AMERICAN VISA ⬜ ⬜ DISCOVER ⬜

カード所有者名　　　　　　　　　　　　　　カード番号

カード CVV　　　　　　　　　月　　　　　　　年
　　　　　　　　　　　　　　1月　　　　⌄　　2021　　　⌄

購入する

サイトと LINE 公式アカウント（L ステップ）を連携すると、さらなるおすすめ商品の販売配
信もできます

　図は自社サイト上にある LINE 公式アカウントを導入したい方向けの動画販売ペー
ジです。サイトに訪問した方が自由に購入できるようになっています。L ステップと
自社サイトが連携されており、ここから購入してくださると、自動的に数日後に関連
の商品おすすめ案内が LINE 公式アカウントから配信されるようになっています。
　関連商品は全部で 3 つあるのですが、この仕組みも相まって 2 つや 3 つをセット
で購入してくれる率が高いのです。

　Amazon でよく見かける「この商品を買った人はこんなものも買っています」。
　このような仕掛けが WEB サイト上だけでなく、自社の LINE 上でもできるとは驚
きではないでしょうか。もちろん、自社サイトと自社の LINE 公式アカウント（L ステッ
プ）を連携するのは、専門家でないと、難しい一面はあるでしょう。ただ、もしご自
身で挑戦してみたい！という方がいれば、154 ページに、本書の特典として、私が解
説した動画一覧を載せておりますので、そこからご覧いただければ幸いです。

EC サイト・WEB サービス業界編③

４コマ漫画配信で商品の刷り込みを

商品を「売り込まれる」のはあまり気持ちのいいものではありません。しかし、本来的にはショッピングは楽しいものでしょう。このことからもわかるように人は「買う」ことは大好きなのです。つまり、LINE 公式アカウントでも「売り込まずして売る」方法が必要不可欠です。本パートではその事例をご紹介します。

いかに「売り込む」かではなく、いかに「買ってもらう」か

「この商品を買ってください！」
「買ってくれるまでこの場を動きません！」

　令和の時代、流石にこうした押し売り営業は少なくなりました。しかし、本書を読んでくださっている方の大半は、商品を売り込まれた経験があり、それを気持ちのいいものだと捉えている方は皆無であると思います。

　だからこそ私たちは、「売り込む」のではなく、どうしたらスムーズに買ってもらえるかを常に考える必要があります。

　LINE 公式アカウントにおいて、買ってもらうための１つのアイデアとして、４コマ漫画での配信があります。

▼出生届製作所の４コマ漫画での配信

４コマ漫画を導入することで、「売り込まずして売る」ことが可能になります

　例えば、こちらの図をご覧ください。本書で幾度も登場している、可愛らしいデザインの出生届を販売している「出生届製作所」のLINE公式アカウントのある１コマです。

　このような漫画が友だち追加時のあいさつで流れるようになっています。この漫画をよく見ると、次のようなポイントが隠されています。

・ペルソナである20代後半の女性が描かれている
・女性自身が購入し、"プレゼントにも最適"と漫画内で述べている
・記念に飾っておける出生届アルバムの（＝クロスセル）訴求もされている
・「今」買うべき理由として、デザイン出生届が願掛けにもなることを述べている

　例えば、自分のための購入だけでなく、プレゼントにも最適です！ということを直接的に配信しては、それは「押し売り」と同じです。ところが漫画内にあるように、「こんなに可愛いならプレゼントにも最適だね」というように漫画内の女性自身が語ることにより、これは「気づき」になります。

　漫画で訴求することにより、「ウリ」になりすぎず、「キャラ」を見せることにもなります。

▼過去に筆者が配信した 4 コマ漫画のうちの 1 コマ

「キャラ」と「ウリ」の両方の意味がある 4 コマ漫画はおすすめです

　私自身も過去に、図のような漫画で配信したときは、「堤が可愛い！（笑）」とかなり好評でした（笑）。

　たった 1 回の配信だけに 4 コマ漫画を作成するのは、骨が折れそうですが、友だち追加時のあいさつに設置すれば、あいさつメッセージを変えない限りは多くの方の目に触れることになります。ぜひあなたも自然と買ってもらえるような訴求を 4 コマ漫画でしてみませんか。

2

本邦初公開！　すぐに効果が実感できる簡単テクニック

ベンチマークを知り、客観的な判断をする

「LINE 公式アカウントの配信が 50% 開封された！」

開封の定義は、文字通りにはなりますが、LINE 公式アカウントから送られてきた通知をタップして、その配信を見ることを「開封」としています。皆さんは 50% の開封率と聞いて、高いと思いますか？低いと思いますか？

50% が高いかな？　と思われた方は一定数いるかと思いますが、実は LINE 公式アカウントの平均的な開封率はちょうど 60% 程度と言われています。つまり、平均から見ると、50% という数字は低いということになります。

このとき大切なのは、その数字のベンチマーク（基準）を知ることです。その数字の高い・低いは、主観ではなく、ベンチマークに基づいて判断すべきです。

私もクライアントとのやりとりの中で、「15% しか配信がタップされませんでした」と言われることもありますが、これは十分な数値です。一般的に 10% タップがあれば十分な配信と考えられます。開封率にしてもタップ率にしても、やはり基準を知らなければ物事は判断をすることができません。

基準を知るためには、自分自身であらゆる数字に着目して、分析していくことが大切です。他人から聞いた数字ではなく、自分でしっかり分析した数字は記憶も残ります。LINE 公式アカウントは管理画面に「分析」という項目もあるくらいです。まずはどんな分析ができるか、管理画面を開いてみるところから始めてみましょう。

多業種に渡る最新事例！
課題と解決方法を
徹底解説

実例1［スーパーマーケット］

自社製品を低コストで全国的に 販売したい！

　「自社で扱っている商材を全国で販売したい」「今までは地域で商売をやってきたけれど、簡単な通販サイトを作って全国展開したい」このようなご要望も最近では増えています。全国販売を実現するのにLINE公式アカウントはどのように活用ができるのでしょうか。

導入企業とLINE公式アカウント

　実例1でご紹介するのは、第1章でも少しご紹介した、鹿児島県の徳之島でスーパーマーケットを営んでいる「フレッシュマートとくやま」様です。徳山さんがLINE公式アカウントを制作しようと思ったのは、折込チラシの効果が年々薄れてきていたからということでした。折込チラシに代わる新たな販促手段としてLINE公式アカウントでお客様にコストをかけずに情報を配信する、というのが当初の導入のきっかけです。フレッシュマートとくやまではLステップで設定を行っています。

▼フレッシュマートとくやまのリッチメニュー

徳山さんのキャラクターが見事に表現されたリッチメニューになっています

　こちらがリッチメニューです。店長の徳山さんの「愛されキャラ」が見事に伝わるユニークなメニューになっています。「面白い」「ワクワク」をキーワードとしており、ちょっと押してみたくなりますね。

誤発注した●●がまさかの即完売？！

　ここでちょっとした小話を紹介します。皆さんは「サラダスティック」をご存知でしょうか。「カニカマぼこ」といったほうがわかりやすいかもしれませんね。ある日、徳山店長がいつものようにカニカマを発注しました。ところが、20個発注するところを誤って20ケース発注してしまったのです。その数なんと24個×20ケース＝480個です。

　しかもカニカマの賞味期限といえば、わずか1週間程度。徳之島の人口約2万人に対し、1週間で480個を売らなければならなくなりました。

　徳山店長はすぐにLINE公式アカウントのタイムラインで投稿しました。

▼誤発注した際に投稿した実際のタイムライン

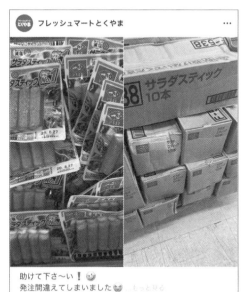

タイムライン投稿だけにも関わらず、一瞬で200以上のいいねが集まり、拡散されました

こちらが実際の投稿です。このカニカマ、全て期限内に売り切れたのでしょうか。

結果をお伝えすると、なんとわずか1.5日で480個全て完売したそうです。図をご覧いただければおわかりのように、投稿に対して、200超のいいね、多くのコメントがつき、投稿してから瞬く間に拡散していった様子が想像できます。

一瞬で店頭にカニカマを求める方が集まり、すぐに売り切れました。これも日頃から徳山店長が「キャラ」を配信している賜物ではないでしょうか。LINE公式アカウントのタイムライン投稿だけでカニカマが完売したことを徳山さん自身が一番驚いていたことが私も印象に残っています。

商圏を島の外まで拡大　徳之島の魅力を発信

実は、徳山さんがLINE公式アカウントを始めた当初は、このように島内に住んでいる方をターゲットとしたスーパーマーケットの商品販売の配信のみを行っていました。島内で配信を行っていった結果、見事に売上UPに貢献したため、これを島外まで拡大しようと考えたのです。

▼島外の方に徳之島の商品を購入いただけるECサイト

徳之島名産品から人気のセットまで
幅広く販売しています

　島内の方に向けて配信していた際、特にウケが良かったのは、フレッシュマートとくやまのスタッフが演じる「面白動画」です。

▼大人気の徳山さんコント動画

このキャラ出し動画から多くの売上に
繋がりました

　吉本も顔負けの演技やコントで、お客様をクスッと笑わせる動画が大好評でした。この日ごろからの「キャラ」配信が愛着につながり、売上増に貢献していきました。

　島外の方もターゲットに入れてからも、この動画は健在です。リッチメニューの右上に、過去に公開したコント動画が全て載っています。
　また、リッチメニューの項目を見てみると、島外の方に徳之島の魅力を知ってもらうためのコンテンツ、徳山店長の野菜目利きやこだわり、徳之島の名産が購入できる通販サイトなどがあります。

　島外の方には、徳之島の名産や味を体験してほしい！と徳山さん厳選の商品がECサイトで確認できます。ECサイトはこちらもお手軽に作成できる「BASE」を使って、Lステップと連携させています。
　まだまだ通販も始まったばかりですが、LINE公式アカウントをきっかけに商圏が拡大していった好例です。

実例2［幼稚園］

1つのアカウントで園児獲得と
保育教論のリクルートを両方
実現したい！

　小さな子どもを持つ母親層に対して、適切に情報を届けるためにはやはりLINE
の活用は外せません。複数の課題を1つのLINE公式アカウントで効率よく解決す
る、ハイブリッドなアカウント活用方法をご紹介します。

導入企業とLINE公式アカウント

　今回ご紹介するのは、東京都町田市で認定こども園を運営している、「きそ幼稚園」
様です。保育園や幼稚園がLINE公式アカウントを導入するケースはまだまだ珍しい
です。きそ幼稚園では、以前にリクルート用のLINE公式アカウントを独力で作成し、
年間で3名の採用につながりました。

　これをきっかけにLINE公式アカウントの凄さを体感し、さらに目的を達成するた
めのアカウントを作成しようということになりました。きそ幼稚園もLステップを導
入しています。

▼園児獲得用とリクルート用が分けられているリッチメニュー

リクルート用のリッチメニューでは、
仕事や環境を知ることができます

　この図にあるように、きそ幼稚園では、園児獲得用のリッチメニューとリクルート用のリッチメニューが完全に分かれています。これは友だち追加時にアンケートをとり、友だち登録者によってリッチメニューの表示を変えているのです。

鍵はセグメントと早期の LINE を通じた周知

　保育園や幼稚園の情報発信を考える場合、セグメントがとても重要です。なぜならば、たった1年の差でも1歳児を持つ親と入園を考えるプレ幼児を持つ親と満3歳児を持つ親で、発信する内容が違ってくるからです。

　そのため、1つのアカウント内でありとあらゆる情報を発信してしまうと、適切なターゲットに適切な情報が届きません。情報が錯綜し、ブロックにつながってしまいます。

　そのため、きそ幼稚園の場合も、友だち追加時あいさつにアンケートを設置し、ターゲットが適切にセグメントできるようにしています。

　さらに、園庭開放など、年齢に応じたイベントを配信することで、早い段階から「きそ幼稚園」のことを認知してもらえるようになっています。LINE 公式アカウントを媒介にして、きそ幼稚園とのタッチポイントを増やしていくことで、時期が来たら確実に入園につながるようになるわけです。早い段階から LINE 公式アカウントに登録してもらうと、ブロックの心配もありますが、適切にセグメントがされ、利便性の高い LINE 公式アカウントであれば、早々すぐにブロックされることはありません。

口コミで紹介されるボタンと LINE 広告で認知を広げる

▼「友だちに紹介する」ボタンが設置された園児獲得用リッチメニュー

ボタン設置によって、さらに口コミによる入園を促進しています

あいさつメッセージやリッチメニューの作り込みができ、しっかりセグメントが切れたら、あとは認知の拡大です。当幼稚園は、もともと保護者の満足度も高く、それまで口コミによる入園も多かったということです。口コミをさらに加速させるために、リッチメニュー内に本書で紹介した、口コミを促進するボタンを設置しています。

　さらに口コミだけではなく、LINE 広告を使って認知を広げることも想定できます。口コミ× LINE 広告の両輪で集客し、しっかり構築された LINE 公式アカウント内で多くのタッチポイントを作ることで、園児獲得につながる理想的なアカウントに仕上がっています。

リクルートは 1:1 のコミュニケーションを多く取ることに尽きる

　リクルートについても言及しましょう。幼稚園で勤務する方の多くは 20 代の女性であることが多いです。20 代の女性を想像してください。旧来のように、WEB サイトの採用の問い合わせから申し込み、メールでやり取りをする……一昔前であればこの手法は成り立ったかもしれません。しかし、今の時代、メールアドレスを持っていない方もいるくらいです。

　メールでのやり取りを否定するわけではありませんが、採用したい人物像のことを考えると、LINE でやり取りした方が効率的であり、採用にもつながる可能性は高いです。

　「LINE でやり取り」することで、ハードルが下がり、多くの方が採用の問い合わせをしてくださる可能性があります。さらに LINE 公式アカウント登録後も、1:1 でトークすることが可能です。これによりメールに比べて、途中で問い合わせ者と連絡がつかなくなった……となる可能性が低いです。

　リッチメニュー内にも幼稚園の魅力や雰囲気を紹介することで、LINE で気軽にポチポチ触ってもらえることも大きなメリットでしょう。

　リクルートに関して、特に奇をてらった施策をする必要はありません。

・メールでなく LINE で気軽に問い合わせしてもらえる環境づくり
・1:1 でトークすることで信頼を構築する、途中離脱防止
・リッチメニューへの情報掲載で気軽に園の魅力や雰囲気を周知

　これら 3 つを行うだけでも、採用できる可能性はグンと高まります。幼稚園でLINE 公式アカウント活用はできるのか？　と思われた方は多かったでしょうが、逆に活用できない業界があれば珍しいです。ぜひ参考になさってください。

実例3［塗装・リフォーム］

新規集客から販売まで一気通貫を実現したい！

　高単価な商品を販売している分野かつまだまだ他社が LINE 公式アカウントを導入していない業界は今がチャンス。建築・リフォーム業界もまさにその 1 つ。新規集客から販売まで LINE 公式アカウントで一気通貫して、アナログな業界だからこそ他社と差別化をしましょう。

導入企業と LINE 公式アカウント

　今回ご紹介するのは、宮城県仙台市を拠点とする外壁塗装やリフォーム業を営む、株式会社ケンジン様です。いくつかある事業の中でも、今回は外壁塗装の受注を増やすための LINE 公式アカウントを作成しました。第 2 章で紹介したように、単価の高い商売は、LINE 広告×しっかり作り込んだ LINE 公式アカウントで受注を増やすことが可能です。株式会社ケンジンも L ステップを導入されています。

▼株式会社ケンジンのリッチメニュー

塗装・外壁に関するコンテンツがありながらも、代表の「キャラ」も垣間見えるリッチメニューになっています

リッチメニューはご覧のような構成です。Lステップの機能を活かした「無料外壁診断」をフックに、ご相談やお問い合わせにつなげる導線です。

LINE 広告×ステップ配信でスムーズな導線を

　最近の傾向として、その可能性を知った企業がいち早く独力で LINE 広告を実践されることもチラホラ聞くようになりました。しかし、こうした企業の多くの場合は、

「LINE 広告を出稿しているけれど、思ったように問い合わせにつながらない」

という事態に陥っています。第 2 章で学んだように、いくら LINE 広告を実践しても、LINE 公式アカウント自体の作り込みが不十分であれば、それは穴の空いたバケツに水を注ぐことと同様です。

　株式会社ケンジンの LINE 公式アカウントでは、友だち登録してからステップ配信が流れるようになっています。

・他のリフォーム屋さん・塗装屋さんとの違い
・よくある外壁塗装のお困りあるあると解決法
・自社の強み・施工事例やお客様の声紹介

などを動画で同社の魅力が伝わるよう訴求しています。

　また、リッチメニューをご覧いただいておわかりの通り、

・代表の紹介（キャラ）
・私たちのこだわり（キャラ＆ウリ）
・お客様の声と施工事例（ウリ）
・無料外壁診断（キャラ）
・不安・疑問に答えます（お役立ち）
・お問い合わせ（ウリ）

「キャラ」「お役立ち」「ウリ」のバランスが良いです。

　LINE 公式アカウントを登録したら、問い合わせボタンだけが出ているアカウントと同社のように様々な配信やコンテンツがあるアカウント。どちらの方がより問い合わせ率が高くなるかといったら、間違いなく後者ですよね。新規集客から販売まで一気通貫しているアカウントの好例として、ぜひ参考していただければ幸いです。

プロが選ぶおすすめ LINE 公式アカウントの機能ベスト３

　　数ある LINE 公式アカウントの機能。一体、どれから使えばいいの？　と思われる方も多いと思います。こちらは完全に私の独断ではありますが、個人的におすすめの機能ベスト３をご紹介いたします。

第１位
「カードタイプメッセージ」
理由：簡単かつ綺麗な配信ができるから

第２位
「ステップ配信」
理由：１回作成するだけで、友だち追加者に対し、全て自動で配信されるため、
　　　業務効率化につながりやすいから

第３位
「リサーチ」
理由：読者にリサーチした結果、思わぬことが判明し、商品設計などに役立つから

　まだ使ったことのない機能があればぜひ活用してみてくださいね。

実例4［オンラインサロン］

LINE 公式アカウントが超使い勝手のいいオンラインサロンに！

オンラインサロンやオンラインスクールがここ数年で話題になり、最近では有名人に限らず、オンラインサロンを立ち上げる方が増えてきました。そこで問題になるのが使用するプラットフォーム。本パートでは LINE 公式アカウントがサロンとして使えるの？とそんな驚きの事例をご紹介します。

導入企業と LINE 公式アカウント

実例4でご紹介するのは、私の妻のアカウントです。私の妻は本書でもお伝えしたように、名古屋でパーソナルスタイリングサロンを経営しており、そちらの店舗のアカウントもあります。今回のアカウントはそれとは別に代表の「仲本あんり」が別に運営している LINE 公式アカウントになります。今回のアカウントもLステップで運用をしております。

▼あんり@姫マインドのリッチメニュー

女性が運営するオンラインサロンらしいリッチメニューになっています

　図にあるように、アカウント名は「あんり＠姫マインド」です。女性向けの自己啓発アカウントになります。実は私の妻も著者であり、『姫マインドで今の自分のまま幸せになる』（誠文堂新光社）という書籍を出しています。

　このアカウントは書籍を読んで「姫マインド」（＝他者に流されて生きるのではなく、自分を一番愛そうというマインド）を知ってくれた方へ、そして「姫マインド」を実践したい方へ向けたものになっています。

無料コンテンツと有料コンテンツの棲み分け

　LINE公式アカウントの登録者は、「姫マインド」を身につけるために図のように10日間のレッスンを行うようになっています。スタート時にはリッチメニューの左上①しかタップできないようになっています。

▼姫マインドレッスン（無料コンテンツ）のリッチメニュー

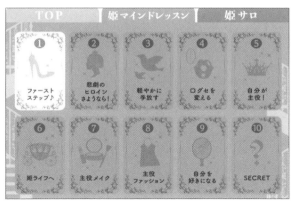

1回目のレッスンを終えた方のみ、2回目が見られるという仕掛けになっています

　例えば①をタップすると、
「Day1：寝る前に、今日1日のなかでうれしかったこと、幸せだったことを思い出してニヤニヤする」
というアナウンスが出現します。

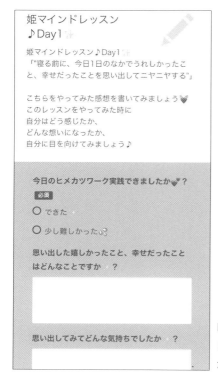

LINE 公式アカウントはもはや、
このように学習コンテンツにも
なり得ます

　そして、その文章とともに図のような感想をアプトプットする回答フォームが出て
きます。

　①のレッスンを終えて、レッスンの実行をアウトプットすると、次に②が見られる
ような仕組みです。以降同様に、②のアウトプットを終了すると、③がタップできる
ようになります。

　今ご紹介した全 10 回の「姫マインドレッスン」はオンラインサロン生でなくても、
誰でも無料で行うことができます。

▼姫サロ（有料コンテンツ）のリッチメニュー

サロン生かそうでないかで、タップすると挙動も変えることができます

　一方で、オンラインサロンに加入しているメンバーは、図の囲み部分をタップすると、サロン生独自のコンテンツを見ることができます。逆にサロン生でない方はタップしても、独自のコンテンツを見ることができません。このように L ステップを活用すると、登録者の属性によって見られる内容を変えることもできるのです。

　オンラインサロンを始めようとするときにプラットフォームの選定が懸念事項となります。一時期、Facebook のグループを使用したオンラインサロンも流行りました。しかし最近では Facebook もやっていない人も増えてきた、そもそも Facebook は見ない、などの問題点も出てきたのです。

　そこで白羽の矢が立ったのが LINE 公式アカウント（L ステップ）です。L ステップを用いれば、サロン生のランクによって見られるコンテンツも変えられます。LINE なので、サロン生に対して確実に届けたい情報も届けられます。1 番の懸念事項である、サロン生同士の交流ですが、こちらは OPENCHAT という LINE グループのようなものを LINE 公式アカウント内に導入して交流もできます。

　つまり、一般的なオンラインサロンを LINE 公式アカウントで実現しようと思ったときに、できないことはないのです。

　オンラインサロンを LINE 公式アカウントで実現している方や企業はまだまだ皆無と言っても過言ではありません。オンラインサロン運営をいち早く成功させたい方は、どのように実現できるか、考えてみる価値はあります。ぜひトライしてみてくださいね。

3-5

実例5［インフルエンサー］ **各種 SNS と LINE 公式アカウントは相性抜群！ 1配信で数百万円の売上を実現！**

　各種 SNS で多くのフォロワーを抱えるインフルエンサーと LINE 公式アカウントは相性抜群です。LINE 公式アカウントのクローズドな配信によって、炎上リスクもなければ、届けたい相手だけに配信をすることが可能です。

導入企業と LINE 公式アカウント

　今回ご紹介する企業は、株式会社 TwinRing 様です。同社の代表をしている KYOKO さんは、チャンネル登録者 12 万人以上（2021 年 3 月現在）を誇る人気の YouTuber でもあります。

　KYOKO さんは「副業の学校」というコンテンツで、WEB ライターや動画編集者としてインターネットで副業を始めたい方向けの発信をしています。今回ご紹介するアカウントも L ステップを導入しています。

▼人気ビジネス系 YouTuber KYOKO さんのリッチメニュー

KYOKO さんのリッチメニューも様々なコンテンツに富んでいます

　私がサポートをする前から、もともと LINE 公式アカウントは開設していました。YouTube の概要欄や動画の最後にちらっと紹介しているのみでしたが、それでもすでに 10,000 名以上の登録がありました。インフルエンサーの威力をここでも実感しています。

　ただ、友だち登録数は多いけれど、これをもっと十分活用したい！ということでアカウントを作りこむことになりました。

初回・2 回目の配信でそのすごさを実感

　LINE 公式アカウントを使った初めての配信では、

・どんな副業の分野に興味がありますか
・副業でどのくらい稼ぎたいですか
・副業のスキルをつけるために情報を得ている媒体は何ですか

など全部で 5 問のアンケートを取ることになりました。もちろん、このアンケートは今後の配信の参考やセグメントをするためです。

　驚いたのは、その回答率です。11,444 名に対して配信し、1,721 名が回答。回答率は驚異の 15.0% です。一般的に配信に対して 10% のタップがあればかなりの優良アカウントです。今回はタップではなく、さらに難易度の高いアンケートに回答してもらうという確率が 15% 超だったのです。

　さらに次の 2 回目の配信では、クリスマスのシーズンだったこともあり、通常価格よりも 20,000 円引きになった 39,800 円の講座の販売を行いました。結果的にはこの配信で合計 60 名の方からご購入をいただくことになり、売上としては約 240 万円です。

　KYOKO さんの LINE 公式アカウントのさらにすごいところは、売上だけに固執していないところです。

▼動画と組み合わせた無料の学習コンテンツ

このように無料で副業を頑張り
たい方をサポートするコンテン
ツが満載です

・自分にはどのような副業がおすすめなのかがわかる副業診断
・副業をやりたい方のモチベーションが続くような毎日ランダムで音声が聞けるコン
　テンツ
・副業の学習を毎日コツコツ続けられるように伴走するステップ配信
・1日に1回ガチャを回して豪華商品と交換できるゲーム性を持ったコンテンツ
・副業を始めたい方が最初に見るべき10の動画とアウトプットフォーム

　この他にもLINE公式アカウントを登録してくださった方が、副業を始められるよ
うにサポートするコンテンツが多数あります。まさにユーザーファーストなLINE公
式アカウントです。

　ユーザーファーストであることから、登録者が満足し、結果的に自社のサービスが
売れる。まさにこれを体現している優良アカウントです。
　どのようなアカウントか興味を持たれた方は、ぜひKYOKOさんのYouTubeを検
索し、そこからLINE公式アカウントを登録してみてくださいね。

実例 6［研修会社］

「こんなこと実現したかった！」を オールインワンで全て 盛り込みました！

　新規集客向けの配信と在籍生・卒業生向けの配信を見事に棲み分けし、成約率 UP から塾生の満足度 UP までを網羅しています。「こんなこと実現したかった！」 という社長の想いを全て盛り込んだ LINE 公式アカウントになっています。

導入企業と LINE 公式アカウント

　今回ご紹介する企業は株式会社新規開拓様です。同社では代表取締役社長の朝倉千 恵子氏が主宰する、「トップセールスレディ育成塾（TSL）」という営業で稼げる女性 を増やすための塾を開講しています。メイン講師の朝倉氏はすでに 40 冊以上の書籍 を出版しており、TSL の卒業生ものべ 3,000 名以上を輩出しています。

　今回はその TSL 生をさらに認知してもらうためのアカウントかつ、卒業生同士が LINE 公式アカウント上でコミュニケーションを取れる 2 つの目的を備えたハイブリッ ドなアカウントになっています。新規開拓様も L ステップを導入されています。

動画を中心とした体系的にまとまったアカウント

▼ 株式会社新規開拓 TSL のリッチメニュー

キャラを活かしながらも、女性らしい華やかなリッチメニューのデザインになっています

　株式会社新規開拓は、大枠でいうと研修会社です。研修や講座というのはある意味、無形商材です。その良さを実感してもらうためには、動画で訴求することと相性が良いです。同社はこれまでたくさんの研修や講座を行い、その様子を収めている動画も数多くあります。YouTube チャンネルにもたくさんの動画をアップロードしており、LINE 公式アカウントにもこれを活用しない手はないということで動画中心のアカウントになっています。

▼ 数多くある動画を活かした YouTube10 本ノックというコンテンツ

動画を視聴し、感想をアウトプットするという構成になっています

　そのうちの 1 つに、リッチメニューに記載の「YouTube10 本ノック」というコンテンツがあります。前述した仲本あんりさんの姫マインド 10 本動画と同様に、動画視聴後、アウトプットもできるようになっています。動画視聴とアウトプットが、TSL というメインで販売していきたい講座のまさに「教育」コンテンツとなっているわけです。

　さらに友だち追加後のステップ配信では、全 5 日間で TSL の魅力を訴求しています。このように「TSL という研修を販売する」というゴールが明確であり、友だち登録者にとってもわかりやすい導線ですとアカウントとしても成功しやすいです。

　逆に 1 回であれもこれも売りたいというのは、かなり上級者向けになります。LINE 公式アカウントで得たいゴールはまず 1 つで、これを明確にしましょう。

卒業生への発信媒体＆卒業生同士のコミュニティーを実現

　同社の TSL という講座の卒業生はこれまでに 3,000 名を超えています。これまでは Facebook グループで卒業生を管理していましたが、当然のことながら Facebook を見ない・ログインしない問題が出てきます。そこで LINE 公式アカウントの活用です。同社から届けたい情報があれば、確実に卒業生の元に届くようになりました。卒業生向けのイベントやセミナーがあればその集客にも好影響です。

▼塾生限定のリッチメニュー

塾生の自己紹介が閲覧でき、さらに塾生同士が繋がれるチャットルームも存在します

さらに同社の朝倉社長にはある1つの想いがありました。それはこれだけ多くの卒業生のコミュニティーをもっと活発にさせたいということです。具体的には、卒業生同士がつながれる仕組みができたらなあ、というものでした。

そこで作成したのが図のような「PICKUP卒業生」と「塾生コミュニティーOpenChat」です。PICKUP卒業生は、タップすると卒業生の一覧と自己紹介を見ることができます。気になった卒業生がいれば、個人的につながることも可能です。OpenChatは、タップするとLINEグループのようなものが立ち上がり、塾生同士が気軽にコミュニケーションやメッセージのやり取りをすることができます。

このようにLINE公式アカウントを120%活用すれば、もはや実現不可能なことはないに等しいです。本書の具体的な運用方法が少しでも皆様のお役に立てることを切に願っています。

クロス分析で最適な顧客像をあぶり出す

　本書で紹介しているLステップを導入すると、どんな顧客が商品を購入しているのか、簡単に分析をすることができます。

	友だち数	商品購入数
男性	100	10
女性	50	3

　例えば、上図のように、縦軸に性別をとり、横軸に商品購入数をとります。上図の場合、商品購入率で考えると、男性は10%に対し、女性は6%です。シンプルに考えれば、男性の方が商品購入率は高いですから、情報発信や広告予算は男性をターゲットとして行っていった方がいいことがわかります。

　このような分析のことをクロス分析と言います。

　私の会社でも実に20以上の項目を"クロス"させて、どのようなターゲットに情報発信をしていくか定めているわけです。

　ちなみにわかりやすい属性でいくと、私の場合、

　「40代で中部地方に住んでいる男性の会社経営者」の成約率が高いことがクロス分析でわかっています。クロス分析の考え方はLINE公式アカウントやLステップに限らず、経営をする上で重要な考え方です。ぜひ様々な項目を"クロス"させて、今一度ターゲットの明確化をしましょう。

3-7

実例 7［マッチングサービス］

動画編集者とチャンネルオーナーを つなぐサービスをより効率的に運用

　昨今の YouTube をビジネスに活かす風潮により、動画編集者とチャンネルオーナーをつなぐマッチングサービスも出現しています。こうしたマッチングサービスにも LINE 公式アカウントや L ステップを活用することで、より効果的な運用が可能です。

導入企業と LINE 公式アカウント

　今回は「Reach for your Channel」というマッチングサイトの LINE 公式アカウントになります。マッチングサイトであるため、当然、動画を編集したい方と動画を編集してほしい方をつなぐようなサービスになります。L ステップを活用すれば、条件によってリッチメニューや配信内容を変えることができるため、相性が良いです。

▼Reach for Your Channel のリッチメニュー

こちらは動画編集者などクリエイター向けのリッチメニューになっています

最初の1回を利用してもらうまでがハードル

　世の中にはYouTube以外にも多くのマッチングサービスがあります。こうしたマッチングサービスで成功するには、最初の1回をいかに利用してもらうかが鍵になってくるかと思います。どんなに便利そうなサイトであっても、最初は使い方がわからなかったり、うまく使えていなかったりすると、使用をやめてしまうからです。

　だからこそ、Reach for your ChannelのLINE公式アカウントでも、いかにまずは1回利用していただくかを考えて作られています。

　例えば、チャンネルオーナーが動画編集者を募集したい！　と思ったときに、案件の公募方法がわからなければ、せっかくの気持ちもすぐにしぼんでしまいます。そのため、LINE公式アカウントのステップ配信やリッチメニューでは、案件を発注する際の「わかりやすさ」を実現するため工夫しています。

　今度は動画編集者側の視点でも見てみましょう。動画編集者も、もちろん常に案件は探していますが、わざわざ毎度 Reach for your Channel のサイトを見に行くわけではないでしょう。

　こんなときに、登録されているLINE公式アカウントから、動画編集案件の詳細が送られてきたら便利だと思いませんか。

　例えば、動画編集者が最初の友だち追加時アンケートで、案件詳細を希望する条件を設定しておけば、そのタグが付いている必要な方だけに案件情報を配信することができます。

　発注者から案件が公募されると同時に、条件にあった編集者にダイレクト配信ができれば、マッチングスピードも向上し、サイト全体の利便性も大きく上がります。

　今後、マッチングサイトのサービスを考えられている方は、LINE公式アカウントの導入も選択肢の1つとして設計されるとサイトの活性化につながると言えますね。

第4章

LINE 公式アカウントは
不況に負けないための
最強のツールだ

目の前にあるスマホが起死回生のための最強ツールになる！

「LINE 公式アカウントは流行り廃りのある SNS のツールに過ぎないのではないか？」と考える方もいますが、実態はむしろその逆です。先行き見えないこのご時世だからこそ、LINE 公式アカウントを導入するべきツールであることを再認識しましょう。

LINE 公式アカウントはもはやインフラ化したツールであると言える

ここまで 3 章にわたって LINE 公式アカウントの運用方法や実例について見てきました。LINE 公式アカウントの凄さは実感していただけたのではないでしょうか。こんな話をすると、中には、

「LINE も他の SNS 同様、一過性のツールに過ぎない」
「流行りものにとびつくのは危険だ」

とおっしゃる方も一定数います。でも考えてみてください。LINE のユーザーは日本全国で 8,600 万人（2021 年 3 月現在）であり、今や 60 代以上の方でも LINE は十分に活用しています。LINE は一過性の SNS ではなく、もはやインフラ化していることは誰の目にも明らかなことでしょう。

目の前にある LINE が、目の前にあるスマホが、起死回生のための最強ツールになるといっても過言ではありません。

LINE 公式アカウントは妻を救った起死回生のツール

　私の妻も自身でパーソナルスタイリングサロンの事業をしています。ところが今から2年ほど前、私の妻は「一人ブラック企業」をしていました。お客様が毎日のように来ていただける、これは本当にありがたいことです。しかし、集客からサービス提供、お客様とのやりとり、経理に至るまで全て1人でこなしていて、妻の体はボロボロの状態でした。そんな妻のことをどうにかできないかと当時、「LINE 公式アカウントを導入してみないか？」と私から提案したことを覚えています。

　LINE 公式アカウントを導入したことで、問い合わせから来店までが自動化されました。
　LINE 公式アカウントを導入したことで、一緒にサロンを運営してくれるスタッフも見つかりました。
　LINE 公式アカウントを導入したことで、お客様の満足度が上がり、リピート率が上がりました。

　ここには書けないほどのメリットがたくさんありました。一人で頑張っていた妻も、LINE 公式アカウントを導入したことをきっかけに、今では多くのスタッフに囲まれて楽しくビジネスをしています。

　極めつけはコロナウイルスの蔓延です。コロナウイルスの大打撃を受け、2020 年の4月や5月は、新規のお客様がほぼゼロの状態になりました。
　この危機を救ってくれたのも LINE 公式アカウントでした。それまで全てリアルで行っていたサービスに、オンラインでできるものもいち早く導入し、配信を決行。認知されることができました。
　コロナウイルスをきっかけに新規集客ばかりでなく、リピート率を上げる大切さにも目を向けるようになりました。
　まさにコロナ不況のどん底にあったサロンを救ってくれたのが LINE 公式アカウントだったのです。これには妻からも、とても感謝されました。コロナ禍にも関わらず、売上も2年前に比べて 2.5 倍以上に膨れ上がりました。まさに起死回生のツールです。

　先行き見えないこの世の中だからこそ、柔軟に対応できる LINE 公式アカウントは本当に重宝されるツールだと感じています。私の LINE 公式アカウントに対する熱が本文から皆様に伝わればこれほどまでに嬉しいことはありません。

4

LINE 公式アカウントは不況に負けないための最強のツールだ

使い方次第では
LINE 公式アカウントは
計り知れないほど強力になる！

　「LINE 公式アカウント＝単なる配信ツール」。ここまで読んでくださった方は最初に描いていたそんな認識を大きく覆すことになったのではないでしょうか。こちらのパートでは LINE 公式アカウントでどのようなことが可能になるか、チェックシート形式でまとめてみました。

旧来型広告という無駄なコストの呪縛から
解き放たれる時代が来た！

　広告費を多く払えば集客できる。逆に広告費を払えない企業は集客もできず、売上も上がらない。旧来まではこの考え方がまかり通っていました。しかし時代は変わっています。広告費を大量に使わなくても、集客・売上 UP できる、それを最も理想的に実現するのが LINE 公式アカウントです。

　私はこれまで多くの飲食店経営者・サロン経営者から相談を受けてきました。

　「ポータルサイトで広告費を多く払えば上位表示されるけれど、そもそもそんなに広告費は払えない……」

　確かに旧来型の広告はそうでした。しかし時代は令和です。自社の SNS で発信していけば、広告費を大量に払わずともお客様を集めることはできます。そして SNS によって発信であなたの会社の「ファン」がつけば、お客様がお客様を次々と呼んでくれます。

　本書でご紹介した費用対効果の高い LINE 広告を使うのも 1 つの手です。LINE 広告を使って友だち追加を促進すれば、どんどんと LINE 公式アカウント内に友だちが溜まっていきます。1 度友だちになっていただければ、ブロックされない限り、ずっと「資産」になってくれます。この意味ではポータルサイトへの広告出稿とは少し意味が異なります。

　さらにもっと突き詰めて考えると、あなたのビジネスの課題は「新規集客」だけでしょうか。広告に依存し新規集客に躍起にならなくても、LINE 公式アカウントを活用すれば、ビジネスの課題をあらゆる側面から解決に導くことができます。

　以下、本書でご紹介した様々な課題解決をチェックシートとしてまとめました。こちらをビジネス再考のきっかけとしていただければ幸いです。

LINE 公式アカウントを自社でどのように活用するか チェックしよう

　どのような課題やお悩みにも解決できる万能ツールが LINE 公式アカウントです。しかしながら、どこに注力して課題解決していくかを見極めないと全て中途半端で終わってしまう可能性もあります。以下のチェックシートを参考にしながら、どんな課題に対して優先して取り組むべきか考察してみてください。

	CPF 方式で掛け捨てではない LINE 広告を出稿し新規集客を図る
	自社のファンを作ることで、採用も LINE 公式アカウントで実現する
	一斉配信を使って、リピート率向上を図る
	クロスセルやアップセルの販売促進をし、単価を UP する
	1:1 トークで双方向のコミュニケーションをし、成約率を向上させる
	自社の「キャラ」を配信し、顧客のロイヤリティー（忠誠度）を高める
	問い合わせから申し込みまでを自動化し、業務効率を図る
	L ステップ内で顧客情報を管理する
	リサーチやアンケートを実施し、商品改善に役立てる
	友だち追加の流入経路を把握し、予算の最適化を図る
	「面白み」のある企画配信をし、集客・売上 UP を図る

業務過多にならないよう、配信テンプレートやルーティーンを作成し、時間の効率化を図る
即効性のある配信でコロナ禍でも安心・短期の売上にもコミットする
一人一人の顧客へのお礼メッセージで顧客満足度向上を図る
ステップ配信で自社の商品に対する教育をする
「数」より「率」に注目することで友だち登録数を増加させる
友だちに紹介するボタンの設置で、口コミを促す
友だち追加時のアンケートで登録者の属性を知る
チラシにQRコードをつけて、問い合わせ率をUPさせる
顧客とのやりとりツールとして使用し、退会や失注を防ぐ
ゲームコンテンツを作成し、顧客満足度と売上UPを同時達成する
サイトと連携し、「この商品もおすすめです！」とクロスセルを販売する
4コマ漫画を作成し、売り込まずして商品を購入してもらう
店内導線やスタッフの声かけに注力し、友だち数増を図る
新規客向けのカルテやアンケートを実施し、適切なセグメントを行う

　これらは全部で25項目あります。この25項目は私自身が実践したり、クライアント様に実施してもらったりして、全て達成できたことばかりです。最初は注力する部分を決め、いずれは25個全てにチェックが入るようにしていきたいですね。
　いよいよ本書も残りわずかとなってきました。これ以降のパートでは、私からの皆様に対するメッセージで締めくくりたいと思います。ぜひ最後までご覧ください。

今日から始めてみても遅くはない！

LINE 公式アカウントが流行り始めているからという理由で本書を手に取った方も多いはず。ところが実態として、LINE 公式アカウントを十分に活用できる事業者はまだほんの一握りでしかありません。今日から始めてみても全く遅くはありません。一歩行動した方だけがビジネスの成功に近づくことができます。

LINE をビジネス活用できている事業者は想像以上に少ない

LINE を使っているユーザー数は 2021 年 3 月現在で約 8,600 万人です。この LINE ユーザーというのは、プライベートとして、メッセージのやりとりとして使っている、という意味で捉えてください。

対して、LINE 公式アカウントはどうでしょうか。いわゆる LINE をビジネスとして使っている場合です。LINE 公式アカウントの開設数は 2021 年 3 月現在で 400 万アカウントです。ユーザーが 8,600 万人いるのに対し、ビジネスとして使っている数はその 20 分の 1 にも満たないということになります。

さらに言ってしまうと、本書でもその活用法を多く解説した、LINE 公式アカウントの上級版で様々な活用ができる、L ステップ。この L ステップのアカウント数に限ってはなんとたったの 1 万アカウントです。

このアカウントの数というのは開設さえしていれば、その数には含まれます。この中で十分に活用できている企業はどれだけいるでしょうか。私の肌感覚でいうと、しっかり使えている企業の割合は 1 割以下だと想定します。

つまり、これだけ LINE 公式アカウントが話題になっていても、本格的にビジネスで LINE 公式アカウントを活用できている企業はほとんどないに等しいということです。

・LINE 公式アカウントは良いと聞いたけれど、始めるきっかけがない
・LINE 公式アカウントは開設したけれど、始め方がわからない
・LINE 公式アカウントは始めたけれど、効果が出ず続かなかった

このような方々を私は山ほど見たり、聞いたりしてきました。

ここまで本書を読んでくださった皆様とは何かのご縁を感じています。そんなご縁があった皆様には、上記のような、始められない・続かない・成果が出ない状態にはなっていただきたくないな、と思っています。

活用法を学んだ後は次のステップへ 1 歩踏み出そう

　本書も終盤に近づいてきました。最後に私から皆様へ今後のステップをお送りしたいと思います。

　本書では LINE 公式アカウント・L ステップの「運用方法」についてお届けしてきました。この本を読めば、少なからずご自身のビジネスにどのように LINE 公式アカウントを活かしたら良いのか、その糸口は見えたかと思います。

　次は LINE 公式アカウント（L ステップ）の制作や操作です。LINE 公式アカウントは、他の SNS やツールに比べてパソコンが苦手でも、操作・活用できるものだと思います。ただし、ゼロから独力で始めようとすると、遠回りをしてしまう可能性があります。

　本書では紙面の都合上、LINE 公式アカウントの操作については掲載できませんでしたが、操作に関しては全て私の YouTube チャンネルにあがっております。

▼LINE 公式アカウント・L ステップの操作を解説した動画一覧

　こちらの動画を必要に応じてご覧いただけますと、ご自身でも LINE 公式アカウントが制作・運用できるまでにはなるかと思います。L ステップについてご興味がある方は、もちろん動画を用いて独力で制作することも不可能ではないですし、制作するための動画も全て無料で公開しております。

　ただし、より専門的な知識が必要になる L ステップは場合によっては、時間短縮のため、しっかり効果を出すために専門家に問い合わせてみた方が良いことも多いです。

　私でよければお力添えもできますので、その際はぜひご連絡ください。

お店や会社の空気が変わったという
瞬間が必ずやってくる

「LINE 公式アカウントを始めたらお店や会社の空気が変わった！」そんな瞬間は皆様の元にも必ず訪れると思います。最後に筆者自身が体感した「空気が変わった瞬間」をお伝えします。

あなたは自分の人生を生きているか

少し過去のことをお話しますが、私が会社員時代のことです。当たり前の話もかもしれませんが、会社の一員である以上、どのようなお客様であっても対応しなければなりません。それがたとえ自分と馬が合わないようなお客様であったとしてもです。

私自身が体感した最初の「空気が変わった瞬間」。それは私が英会話スクールを運営していたときにさかのぼります。LINE 公式アカウントを通してお問い合わせをしてくださる方とのやりとりが楽しいのです。「楽しい」とは非常に表面的な言葉ですが、思考を深くし、後になって気づいたことがありました。

LINE 公式アカウントを通じて問い合わせをしてくださる方は、私の考えに共感してくださり、私のある意味、「ファン」になっていてくださり、「教育」された状態でメッセージをくださっていたのです。

わかりやすくお伝えします。飛び込み営業をする営業マンを想像してください。こちらから飛び込みした先のお客様に対しては、こちらが下手（したて）に出て、ペコペコした状態で商談を進めていく絵が浮かびませんか。LINE 公式アカウントはこれとは 180 度異なります。

・あなたの商品やサービスのことを本当に良いと思っているお客様が集まります
・あなたの考え方に共感したお客様がお問い合わせをくださります
・あなたの「ファン」になった状態でお客様がメッセージをくださります

すでに自社のファンになってくださっているお客様とのやりとりは「楽しい」はずですよね。LINE公式アカウントで配信をしているため、思っていたサービスと違っていたと言われることもほぼ皆無です。

　手前味噌ですが、他の会社に比べて、私の会社のクレームの少なさは異常かもしれません。これはポジショントークではなく、本当に心の底からLINE公式アカウントのおかげだと思っています。

　「あなたは自分の人生を生きていますか？」

　そう問われたときにはっきりとYESと言えるでしょうか。会社員時代の私はYESと言うことができませんでした。

　私は自分の人生は自分で決めるものだと思っています。他人に左右されるような人生は生きたくありません。高飛車な言い方かもしれませんが、関わっていて楽しいお客様とだけ接したいです。

　ここまでくるとかなり壮大なテーマかもしれませんが、「LINE公式アカウントは自分の人生を生きるためのツール」だと思っています。私はこれからも自分の人生を生きるためにLINE公式アカウントを活用し続けますし、本書で少しでもその魅力が伝わればこれほどまでに嬉しいことはありません。

おわりに

　まずは本書を最後まで読んでくださった皆様、本当にありがとうございました。これまで LINE 公式アカウントに関連する書籍を 3 冊ほど世に送り出してきましたが、本書には最も本質的なことを書けたのではないかと思っています。

　というのも、私がこれまで携わった多くのアカウントに関するご相談においては、運用をどうするかが大半であり、またこちらが鍵であるからです。

　LINE 公式アカウントや L ステップの操作を学ぼうと思えば、私が過去に出版した書籍やなんなら YouTube チャンネルで全て確認することができます。

　でも大切なのはもっと別の視点です。

　「LINE 公式アカウントがどんな課題に対して、どんな解決ができるのか」
　「その解決法を導くにはどのような思考をすることが大切か」

　こうした部分が本書では体系的に示せたかと思っています。

　私は他の方より、ほんの少しだけ LINE 公式アカウントについて知り、導入したことで自分のビジネスが飛躍的に向上しました。

　「一人ブラック企業」をしていた妻も LINE 公式アカウント導入のおかげで、今では見違えるほど活き活きと活動しています。

　そして私と妻だけではなく、私が支援した多くの個人・企業様は LINE 公式アカウントにより、大きな成果を上げられています。

　私が導入できる LINE 公式アカウントの数にはもちろん限界があります。しかし、本書が 1 人でも多くの方の目に触れ、LINE 公式アカウントを導入してくださることで、ビジネスが 180 度変わるかもしれない、ということを考えると、とてもワクワクします。

ここまで本書を読んでくださった皆様は、実に多くのインプットがあったと思います。ここからはアウトプットです。私はインプットとアウトプットはワンセットだと思っています。せっかくたくさんの良質なインプットをしても、それを適切にアウトプットしなければ、それは宝の持ち腐れです。本書を読んでくださっている皆様の状況によって違うとは思いますが、どんな小さな一歩でもいいです。ぜひアウトプットしてみましょう。具体的なアウトプットは以下のようなものがあると思います。

	早速 LINE 公式アカウントを開設してみる
	L ステップを導入してみる
	YouTube チャンネルを見て、LINE 公式アカウントや L ステップを構築する
	次回の配信企画を立案する
	現在運用しているアカウントの一部を改善してみる
	自社の課題や悩みを今一度整理する
	会社の同僚や事業主仲間に LINE 公式アカウントの良さを語る
	LINE 広告をトライしてみる
	LINE 公式アカウント制作会社に問い合わせてみる
	私（本書の著者）に SNS でメッセージを送ってみる

　私の会社が運営している LINE 公式アカウントから本書の感想を送っていただければ、今後の執筆活動の励みになります。私も全てのメッセージに目を通しておりますので、お気軽に感想を教えてください！

▼筆者に対するメッセージはこちらから

　最後に本書を執筆する機会をくださいました、秀和システムの金澤様、具体的な実例として本書に掲載の許可をいただきました企業様にこの場を借りて御礼を申し上げます。

　そして何より LINE 公式アカウントの可能性を実感し、最後までお付き合いくださった読者の皆様、誠にありがとうございます。

　LINE 公式アカウントは小手先のツールではありません。むしろビジネスにおいて必要不可欠で本質的なツールであるとさえ、感じています。

　一人でも多くの方のビジネスが LINE 公式アカウントによって飛躍しますことを願ってやみません。

堤　建拓

■装丁
斉藤よしのぶ

■出版協力
株式会社 J ディスカヴァー

【著者】

堤　建拓 (つつみ　たけひろ)

株式会社MARKELINK代表取締役

1991年生まれ、愛知県稲沢市出身。TOEICスコア960。大学時代の海外経験・インターンシップを契機に、「英語×ビジネス」を学びたいという想いから、名古屋市立大学卒業後、英会話スクール大手企業にスクールコンサルタントとして入社。1年半で退社後、独立・起業。独学で身につけたSNS・Web集客のノウハウを駆使し、半年で英会話スクール3校を設立、月商を5倍に増やした。2018年からLINE公式アカウントに関してまとめたブログ、2020年からYouTubeチャンネルを開設。現在では多くの企業のLINE公式アカウント運用に携わり、担当した会社は120社を超える。著書に、『世界一わかりやすいLINE公式アカウントマスター養成講座』(つた書房) などがある。

LINE公式アカウント
史上最強の成功テクニック

発行日	2021年3月21日	第1版第1刷
	2021年7月 7日	第1版第2刷

著　　者　堤　建拓

発行者　斉藤　和邦
発行所　株式会社　秀和システム
　　　　〒135-0016
　　　　東京都江東区東陽2-4-2　新宮ビル2F
　　　　Tel 03-6264-3105 (販売) Fax 03-6264-3094
印刷所　三松堂印刷株式会社　　　Printed in Japan

ISBN978-4-7980-6419-2 C0034

付箋を活用した在庫管理

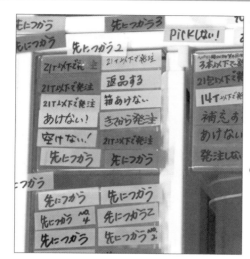

◀過去のアナログな在庫管理

以前のアナログな発注オペレーションでは発注ミスがありました。

● 誰でも簡単に使え、業務効率にもつながる

(AIによる在庫管理システムを) 導入後、まずは在庫を揃えるところから始めました。そこから薬局のオペレーションは大きく変わり、調剤棚の見た目もすっきりしました。

AIが「おすすめ発注」機能で発注が必要な薬剤をぱっと一覧化してくれるので、基本は事務スタッフがそれに従って発注します。また、供給不足になりがちなものについては「欠品注意ラベル」という機能を活用して、欠品を生じさせないようにしています。

変わったのはオペレーションだけではありません。処方が出ない時期に抱えていた在庫などがかさんで600万円程度あった在庫金額が、MusubiAI在庫管理を使った在庫の適正化によって、400万円まで抑えることができたのです。

(システムを導入した) この2023年3月 (取材当時)、薬価改定前の棚卸業務を振り返ると、「いつもと違う春」といってもよいかと思います。調剤棚はいつもすっきりしていて返品も少なく、伝票の処理も簡単で、薬価改定前の棚卸時期の作業時間は、9時間から4、5時間へと削減できました。

システム導入前後の変化

	導入前	導入後
事務スタッフの業務	・空き箱をかごに集めておく。 ・医薬品卸会社のシステムを開き、バーコードをスキャンし、発注カートに入れる。	・空き箱はそのまま廃棄。 ・Musubi AI 在庫管理の画面で「おすすめ発注」を確認する。
薬剤師の業務	・発注カートの中身と、実際の在庫状況とを見比べる。 ・長期処方の患者の薬剤は、欠品しないように処方が出たらすぐ発注する。	・午前と午後、主に「おすすめ発注」を見て発注する。 ・欠品になりやすい医薬品は「欠品注意ラベル」をつけて管理する。
状況	・レセコン、医薬品卸の発注システムの両方を参照して管理していた。 ・管理薬剤師が残業して対応。 ・長期処方の患者の薬剤を、在庫として持っておかなければならなかった。	・Musubi AI 在庫管理の機能のみで対応できる。 ・在庫切れがなくなり、分包機を止めることなく業務が進められる。

▼スティア薬局菅原店のスタッフ

出典：https://musubi.kakehashi.life/case/230714-steeayakkyoku

> アナログな発注オペレーションを Musubi AI 在庫管理により自動化し、発注ミスを削減した事例です。

◇ 事例：AI による在庫活用で 1 日の発注業務を 60 分 ➡ 10 分に

宮城県の「アクア調剤薬局」では、患者の次回来局予定を紙のカレンダーに書き込むなどのアナログな方式から、AIを搭載した在庫管理ツールによる管理に変更したことで、様々な業務上の変化を感じています。

【インタビュー】海沼俊規氏 (経営者・アクア調剤薬局 管理薬剤師)

● システム導入による変化

近年、変化を感じていることが 3 つあります。1 つ目は、集中率です。集中率が下がっている傾向自体は、患者さんのかかりつけ薬局として機能しているためで、国の方針にも即しています。ただ、備蓄しておく医薬品の品目数も数量も必然的に多くなり、なかなか在庫を絞ることができず、それに伴い発注や在庫管理業務時間は長くなってしまいます。

2 つ目は、ある一人の患者さんのためだけの在庫です。訪問先の児童福祉施設に入所する患者さんの医療用麻薬、養護・自立支援を必要としている高齢者の向精神薬などがこれに当たります。そのようなケースが複数あるため、簡単に「在庫を絞る」ということができないのです。「欠品するよりは持っていた方がよい」と在庫が増えがちになっているのは、このような背景もあります。

3 つ目は、新型コロナ前後を比較すると、長期処方が多くなったという点です。継続の患者さんについてはカレンダーに書き込んで管理をしてきましたが、いままでは 14 日分だった患者さんが 28 日処方、90 日処方……な

んていうケースもあって。「多めに発注しておかないと」と、コロナ前よりも在庫を持っておく意識が強まり、かなりの不動在庫が発生してしまいました。

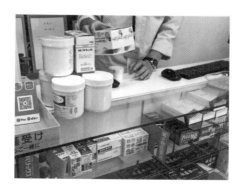

● カレンダーに書き込むアナログ業務がなくなり、長期処方の患者も AIが予測

「Musubi AI在庫管理」の画面上では、発注業務だけではなく、患者さんの来局管理ができます。カレンダー機能で月の来局予定が一覧化され、患者さんごとの次回来局予定と処方予測も表示されます。そのため、「絶対に欠品させたくない、あの患者さんの分」と、紙のカレンダーへ手書きする必要がなくなりました。

来局期間が半年ほど空く甲状腺疾患の患者さんの来局を、AIが予測してシステムの画面に出てきたときは「おっ」と思いましたね。また、近くの医療機関からの来局傾向が、土曜は平日と異なる診療科の患者さんが多くなるのですが、その傾向もAIが学習しています。

在庫管理ツールの導入は、作業時間の短縮と発注の抜け漏れ防止を実現し、生産性と収益性の向上につながります。これにより、薬剤師がより質の高いサービスを患者に提供し、関係を深める機会も増えていくことでしょう。効率化によって対人業務に注力する時間を戦略的に生み出すことこそ薬局DXといえます。

カレンダー機能のイメージ

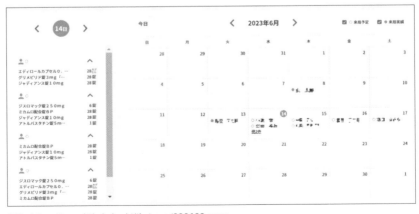

出典：https://musubi.kakehashi.life/case/230623-aqua

患者との繋がりがもたらす社会課題解決

患者フォローアップ（以下、フォローアップ）は薬剤師にとって重要な業務の1つです。しかし、多忙な薬局業務の中で、多忙な薬局業務の中ですべての患者に対して適切なフォローアップを実施することは容易ではありません。そこでICT（情報通信技術）をフォローアップに活用した事例を紹介します。

◇ フォローアップで提供できるのは「安心感」という薬局体験

　　フォローアップは、患者の来局時だけではなく、使用期間中の薬剤の使用状況、併用薬（一般用医薬品等を含む）、患者の状態や生活環境等を把握すると共に、薬学的知見に基づく分析・評価から必要な対応を実施することで、患者が安心できる最適な薬物療法を提供することを目的としています＊。患者のQOL（生活の質）向上と医療費の適正化にも寄与すると共に、服薬管理指導料の算定においても重要な要件となります。しかしながら、多忙な薬局業務の中ですべての患者に対して適切なフォローアップを実施することは容易ではありません。

　　広島県の「株式会社ドラッグしみず」では電子薬歴Musubiに搭載される**患者リスト**機能を使い、患者の来局状況を可視化。さらに、処方内容に適した状況確認の質問を患者のスマートフォンに自動配信し、問題の可能性がある場合はアラートとして通知されるフォローアップツール（Pocket Musubi ➡ p.80、126参照）を活用して、継続的なフォローアップを推進しています。

＊…としています　公益社団法人日本薬剤師会 薬剤使用期間中の患者フォローアップの手引き（https://www.nichiyaku.or.jp/assets/uploads/pharmacy-info/followup_1.2.pdf）

● 患者リストは「つながりを作る武器」、約50％の患者が再来局

　（電子薬歴に搭載される）分析機能を使うと、色んなことが目に見える形でわかるのです。患者リストという機能では、簡単な操作で「この患者さんが来ていません」と一目でわかるので、とても驚きました。これまでは最近来局していない患者さんがいても「あの方最近来てないね」という薬局内の世間話で終わってしまいがちでしたから。

　リストで「見える化」されたのだから、薬剤師の私は、もう一度つながりを作るための「武器」にするしかない。患者リストを活用して電話やSMSで患者さんに連絡をしたところ、たくさんの「ありがとう」の言葉をいただき、結果として、約50％の再来につながりました。

遠のいていた患者さんの再来局につながりました。

メモ	服薬管理指導料

　患者が薬を安全に使用できるように、薬剤師が行う情報の収集、分析、管理、記録および、薬を渡す際の説明に対して支払われる報酬（点数）を指します。

● 使用期間のフォローアップで副作用の疑いを検知
➡トレーシングレポート提出へ

てんかんの薬を服用した患者さんの皮膚に現れた症状を、アラートが検知してくれ、さらに患者さんも気になったのか、メッセージをくださりました。副作用の可能性があるため、すぐに患者さんにお電話でフォローし、医師にトレーシングレポートで報告もして、その結果、服用薬は減量となりました。とても珍しい症状だったので、患者さん自身もアラートがなければ薬が起因しているとは思いもよらなかったのではないのでしょうか。

● フォローアップの手段

使用期間中のフォローアップのためにつながる方法は、メッセージアプリ（Pocket Musubi➡p.80、126参照）、電話、SMSの中から患者さんに選んでいただきます。利便性や特徴を聞かれたらしっかり答えられるようにしています。どの方法だったとしても、「薬剤師とつながっていられる」と患者さんに感じていただけるのであれば、これは患者さんに「安心感を持っていただく」という薬局体験を提供できているんだな、と感じます。

▼國本優子氏

患者との連携およびフォローアップの仕組みを通じて、患者に安心感を提供できた事例です。

● **フォローアップが次回来局時のコミュニケーションの質を上げる**

次回来局時の服薬指導や残薬調整のご提案など、活かせる場面は多いと感じています。例えば、糖尿病の薬を処方した患者さんに「食事が取れてないときにこの薬を飲むことはありますか」といった趣旨の質問が、自動で配信されます。来局時の時間ですべてを聞き取れないこともありますし、来局時には食欲があっても、その後の生活状況が変わることもありますよね。アラートをきっかけにして、患者さんの次回来局時の服薬指導の質問を変えることにもつながっています。

● **患者の行動変容を促すケースも多々発生**

また、来局時に残薬についてお尋ねしても特に反応がなかった患者さんも、後日「残薬調整してほしい薬がありますか」というメッセージがスマートフォンに届くと、「残薬を調整したい」とメッセージをいただくケースがあります。薬剤師として、かゆいところに手が届いたような感じもしますね。

▼原田一樹氏

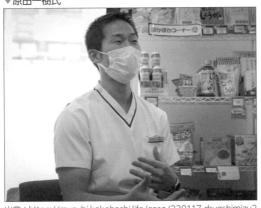

> フォローアップのしくみを活用することで、服薬指導の質向上に繋がった事例です。

出典：https://musubi.kakehashi.life/case/230117-drugshimizu2

162

◇ フォローアップを通じ高齢患者とはぐくむ「信頼関係」

大阪府の「あしたば薬局」では、高齢患者にもスマートフォンに届くメッセージを通じたフォローアップ (Pocket Musubi) を行っています。本当にフォローアップが必要な患者を検知するための工夫が、薬剤師と患者間の関係性向上にもつながっています。

【インタビュー】池喜章氏 (経営者・あしたば薬局 管理薬剤師)

● 電話でフォローしようとした。ただ「半分もつながらなかった」

「使用期間中のフォローをしっかりとやっていかないと」そう思って患者さんに電話をしたものの、なかなかうまくいかなくて。「これは何かしらの対策を取らなければだめだ」と悟りました。

電話だけのときは本当に大変でしたよ。患者さんに薬を渡したときに予定をお尋ねし、「この時間に電話をかけて」といった約束はしていただけるのです。でも、その時間にかけてもつながらない。そんなことはしょっちゅうで、電話でのフォローは、体感だと半分もつながらなかったかな。

ただ、患者さんの気持ちを察すると、なんとなくわかりますよね。病院で医師から「お薬出しますね」といわれたら「目的はもう達成された」と感じているかもしれない。その証拠というか、フォローのために薬局からかける電話はなかなか繋がりません。

▼池喜章氏

患者フォローアップを電話からスマートフォンを使ったフォローアップツール (Pocket Musubi) に切り替えたことで改善できた事例です。

薬剤師と話したことを患者さんの記憶に残してもらうのは、簡単ではないですよね。

　ツールを使ったフォローで患者さんとの関係性は向上しました。処方箋の追加持参された際に細かく伝えきれなかった話を、フォローアップツールで文字でお伝えでき、患者さんとの関係性が変わってきています。

　タムスロシン錠が処方されている70代の患者さんは、「便利そうやし、いっぺん使ってみようかな」と、友だち登録してくださいました。登録後、立ちくらみやめまいの症状をアラートが検知しました。メッセージ機能を使って、なぜふらつきが生じるのか、そのときの対策も併せてお伝えすると、「ご丁寧に返信ありがとうございます」と、絵文字も添えてお返事がありました。

　これ以降、私自身もお話がしやすくなりました。「他院処方もまとめていただけたら」と伝えると、総合病院の処方も持参してくれるようになりました。

● 患者の平均年齢は70代。それでもメッセージアプリでのつながり創出は可能

　この薬局の患者さんの平均年齢はだいたい70代ですが、家族との連絡手段のためにスマートフォンにメッセージアプリを入れているとおっしゃる方は多いです。「メッセージアプリを入れていない」とおっしゃる患者さんはこのエリアでは少数派のようで、全体の2～3割くらいでしょうか。

　メッセージアプリでつながっている80代後半の患者さんで、新たに他院の処方箋も持ってきてくださるようになった方がおられます。よくよく話を聞いてみると、以前は「聞きたいことがあっても、電話で質問は……」と遠慮していたそうです。「送られてくる質問がきっかけで、メッセージのやりとりができるのっていいね」というお褒めの声もいただきました。

◇「友だち1万人」とつながる渋谷の1店舗薬局は、「薬局らしくない薬局」を目指す

東京都にある「PHARMACY KOU」では事務員さんを中心に、患者への
お声がけなどによるフォローアップツール (Pocket Musubi) への登録を
推進。1万人を超える患者接点を創出しています。

【インタビュー】谷口育世氏 (PHARMACY KOU 管理薬剤師)

● 導入を決めた3つの理由

患者フォロー機能導入の決め手は、(1) 処方箋送信機能、(2) 使用期間中
フォロー機能、(3) 患者さんとメッセージのやり取りができる機能、の3つ
が揃っている点です。この機能を使うには、患者さんにメッセージアプリで
友だち登録をしていただく必要があります。ただ、導入当初はこれらの機
能があるツールを、どうやって患者さんに知ってもらうのがいいのか、はっ
きりした方針があったわけではないのです。

私たちの薬局では、タイミングを見て1on1ミーティング (一対一で行う
対話の時間) をしているのですが、新しく入ってきたばかりだった事務スタ
ッフの女性が、1on1の中で「私にできることがあったら、任せてほしい
です」と打ち明けてくれたのです。

面接や入社後の様子からも彼女はとても人あたりがいいな、と感じて
いたので、またほかにもお願いできそうなことがありそうで。電子薬歴
Musubiに患者さんとつながる機能があることを説明し、「患者さんにご紹
介してみる?」と打診してみました。

「スマートフォンのメッセージアプリでつながれることをしっかり紹介し
ていこう」と決まった後、事務の皆さんの取り組みには目を見張るものが
ありました。彼女を中心として、来局した方々全員に登録の仕方やメリット
のご紹介が始まって、店内のPOPも次々と作ってくれました。渋谷という
立地もあるので、患者さんの8割は20~30代ですが、繰り返し来局される
方の中には80代の方もおられます。スタッフは、高齢の患者さんであって
も「メッセージアプリを入れているかわからない」とためらうのではなく、
「必ず声をかける」を忠実に実行に移しています。

「いつか到達したら」と話していた「友だち登録100人」は1カ月程度でクリアしました。事務スタッフの方が「私にできることを」と申し出てくれてから1年ほどが経ったいま、友だち登録は1万人を超えました。再来の患者さんはすでにほとんど友だちになってくださっているので、現在は新患の方に100%紹介するという流れにしています。

　薬局のホームページやインスタグラムでも、メッセージアプリの友だち登録の紹介をしています。そちらを見て、処方箋を送ってから来局してくださる新患さんも少なくありません。そうやって増えていったメッセージアプリでつながった患者さんの中には、遠く、東京都外や市部の処方箋を送ってくださる方もおられます。こうした取り組みがあってか、開店した年といまを比較すると、処方箋枚数は2倍くらいに増えています。

　フォローアップ専用ツールを活用した事例では、フォローアップが必要な患者を迅速に特定し、その状況に応じた個別対応の実行を効率的に実現していました。薬剤師の専門知識とICTの組み合わせにより、より多くの患者に対して質の高いフォローアップを提供することができ、地域医療への貢献にもつながります。フォローアップの推進と継続的な患者との繋がりを作ることこそ、単なる「薬を渡す場所」から、患者の健康を総合的に支える「健康サポートステーション」へと進化するために必要な取り組みといえるでしょう。

> フォローアップできる患者さんを増やすためにチームでコミュニケーションを工夫した事例です。

出典：https://musubi.kakehashi.life/case/230210-pharmacykou

企業成長を促進する薬局経営者コミュニティ

薬局や薬剤師の価値を最大限に引き出すには、地域特性や薬局自身の強みを活かした戦略が欠かせません。戦略の構想と実行には、薬局経営者の意識や強い覚悟が必要です。薬局経営者同士の情報共有を促進するコミュニティが助けになると思います。ここでは、薬局経営者コミュニティの具体的な活用方法を紹介します。

◆ 経営者交流により成長意欲が促進される

中小企業庁が毎年まとめる中小企業白書によると、「**企業の中長期的な成長に向けて（中略）経営者については、企業の戦略構想・実行力を支え、成長を促す外部プレーヤーの存在が重要な役割を担っている実例も存在し、経営者仲間との積極的な交流が企業の成長意欲を喚起している傾向にある***」と記述されています。

この調査結果から、成長企業の経営者の多くが、第三者との交流により成長意欲が高まった経験をしていることがわかります。特に、同業の経営者間の交流は成長意欲を促す重要な要素として浮き彫りになっています。

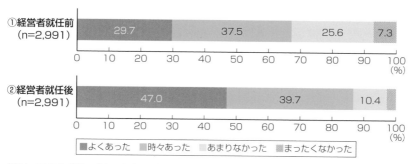

経営者就任前・就任後において、第三者との交流により、成長意欲が高まった経験の有無

①経営者就任前（n=2,991）： 29.7 / 37.5 / 25.6 / 7.3
②経営者就任後（n=2,991）： 47.0 / 39.7 / 10.4

凡例：■よくあった ■時々あった ■あまりなかった ■まったくなかった

（注）1. ここでいう第三者との交流とは、第三者との接触・交流や、第三者からの支援・助言のことを指す。
　　　2. ここでいう成長意欲とは、自社の成長に向けたモチベーションのことを指す。

出典：「令和4年度中小企業実態調査委託費 中小企業の新たな担い手の創出及び成長に向けたマネジメントと企業行動に関する調査研究報告書」（https://www.meti.go.jp/meti_lib/report/2022FY/000328.pdf）

---

*…**傾向にある**　2023年版 中小企業白書（https://www.chusho.meti.go.jp/pamflet/hakusyo/2023/PDF/chusho.html）

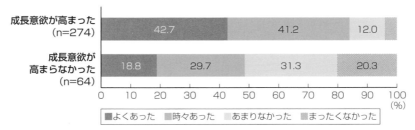

(注) 1. ここでいう第三者との交流とは、第三者との接触・交流や、第三者からの支援・助言のことを指す。
2. 「成長意欲が高まった」は、経営者就任前の自社の成長に向けたモチベーションについて、「あまりなかった」、「ほとんどなかった」と回答した企業のうち、経営者就任後の自社の成長に向けたモチベーションについて、「ある程度あった」、「大いにあった」と回答した企業を指す。「成長意欲が高まらなかった」は、経営者就任前の自社の成長に向けたモチベーションについて、「あまりなかった」、「ほとんどなかった」と回答した企業のうち、経営者就任後の自社の成長に向けたモチベーションについて、「あまりなかった」、「ほとんどなかった」と回答した企業を指す。

出典:「令和4年度中小企業実態調査委託費 中小企業の新たな担い手の創出及び成長に向けたマネジメントと企業行動に関する調査研究報告書」(https://www.meti.go.jp/meti_lib/report/2022FY/000328.pdf)

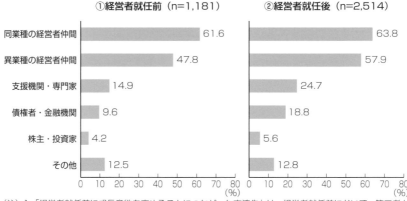

(注) 1. 「経営者就任前に成長意欲を高めることにつながった交流先」は、経営者就任前において、第三者との接触・交流や、第三者からの支援・助言により、自社の成長に向けたモチベーションが高まった経験について、「よくあった」、「時々あった」と回答した企業に対する質問。「経営者就任後に成長意欲を高めることにつながった交流先」は、経営者就任後において、第三者との接触・交流や、第三者からの支援・助言により、自社の成長に向けたモチベーションが高まった経験について、「よくあった」、「時々あった」と回答した企業に対する質問。
2. 複数回答のため、合計は必ずしも100%にならない。

出典:「令和4年度中小企業実態調査委託費 中小企業の新たな担い手の創出及び成長に向けたマネジメントと企業行動に関する調査研究報告書」(https://www.meti.go.jp/meti_lib/report/2022FY/000328.pdf)

◇ オンラインコミュニティ

　株式会社カケハシが運営する「**MusuViva！（ムスビバ）**」は、薬局経営者や薬局経営にも関わる管理薬剤師、現場職員が集う**オンラインコミュニティ**です。地域のためになりたい・これから必要とされる薬局を体現したい、そんな意欲を持つ人がオンラインで繋がり、日々の知見や情報を共有しています。2021年の立ち上げ以来、このコミュニティは全国47都道府県の薬局関係者を引き寄せ、大きく成長しました。MusuViva!では、運営会社によるイベントやワークショップ開催のみならず、座談会や薬局関係者同士の自発的なコミュニケーションも活発に行われ、コミュニティ内で繋がった薬局同士のコラボレーションや、薬局経営向上・薬剤師の行動変容などの事例が多数生まれています。

　このようなオンラインコミュニティの活用は、多忙な薬局経営者にとって新たな交流の場を提供し、経営に新しい風を吹き込む選択肢になると思います。

薬剤師のオンラインコミュニティMusuViva!

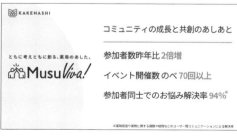

コミュニティの成長と共創のあしあと

参加者数昨年比 **2倍増**

イベント開催数のべ **70回以上**

参加者同士でのお悩み解決率 **94%**

出典：株式会社カケハシ（https://musubi.kakehashi.life/news/20230728)
※ 2023年7月時点

医療DX推進体制整備加算の施設基準

　医療DX推進を目指して、2024年の診療報酬改定で**医療DX推進体制整備加算**が新設されました。薬局においては、オンライン資格確認を通じて取得した薬剤情報、特定健診情報などを閲覧または活用し、調剤、服薬指導等を行う体制を有するなどの施設基準に適合する薬局で調剤を行った場合に、月1回4点を加算することができます。

> 医療DX推進に係る体制として別に厚生労働大臣が定める施設基準に適合しているものとして地方厚生局長等に届け出た保険薬局において調剤を行った場合は、医療DX推進体制整備加算として、月1回に限り4点を所定点数に加算する。

［主な施設基準］
(1) 療養の給付及び公費負担医療に関する費用の請求に関する命令（昭和51年厚生省令第36号）第1条に規定する電子情報処理組織の使用による請求を行っていること。
(2) 健康保険法第3条第13項に規定する電子資格確認を行う体制を有していること。
(3) 保険薬剤師が、オンライン資格確認を通じて取得した薬剤情報、特定健診情報等を閲覧又は活用し、調剤、服薬指導等を行う体制を有していること。
(4) 電子処方箋を受け付ける体制を有していること。（紙の処方箋を受け付け、調剤した場合を含めて、調剤結果を電子処方箋管理サービスに登録する。）
(5) 電磁的記録による調剤録及び薬剤服用歴の管理の体制を有していること。（オンライン資格確認、薬剤服用歴等の管理、レセプト請求業務等を担う当該薬局内の医療情報システム間で情報の連携が取られていることが望ましい。）
(6) 電子カルテ情報共有サービスにより取得される診療情報等を活用する体制を有していること。
(7) マイナンバーカードの健康保険証利用について、実績を一定程度有していること。
(8) 医療DX推進の体制に関する事項及び質の高い調剤を実施するための十分な情報を取得し、及び活用して調剤を行うことについて、当該保険薬局の見やすい場所及びウェブサイト等に掲示していること。

［経過措置］
(1) 令和7年3月31日までの間に限り、（4）に該当するものと見なす。
(2) 令和7年9月30日までの間に限り、（6）に該当するものと見なす。
(3) （7）については、令和6年10月1日から適用する。

A 巻末資料

◇ 資料1：情報連携の例

医療・介護関係者は、患者の服薬状況等の情報を共有し、最適な薬学管理や指導を行う必要があります。

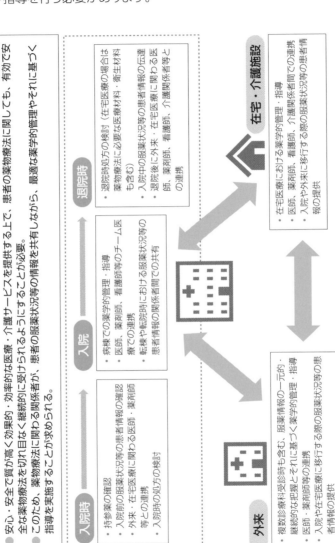

薬物療法に関する連携（イメージ）

● 安心・安全で質が高く効果的・効率的な医療・介護サービスを提供する上で、患者の薬物療法に関しても、有効で安全な薬物療法を切れ目なく継続的に受けられるようにすることが必要。
● このため、薬物療法に関わる関係者が、患者の服薬状況等の情報を共有しながら、最適な薬学的管理やそれに基づく指導を実施することが求められる。

入院時
・ 持参薬の確認
・ 入院前の服薬状況等の患者情報の確認
・ 外来・在宅医療に関わる医師・薬剤師等との連携
・ 入院時の処方の検討

入院
・ 病棟での薬学的管理・指導
・ 医師、薬剤師、看護師等のチーム医療での連携
・ 転棟や転院時における服薬状況等の患者情報の関係者間での共有

退院時
・ 退院時処方の検討（在宅医療の場合は薬物療法に必要な医療材料・衛生材料も含む）
・ 入院中の服薬状況等の患者情報の伝達
・ 退院後に外来・在宅医療に関わる医師、薬剤師、看護師、介護関係者等との連携

外来
・ 複数診療科受診時も含む、服薬情報の一元的・継続的な把握とそれに基づく薬学的管理・指導
・ 医師・薬剤師間等の連携
・ 入院や在宅医療に移行する際の服薬状況等の患者情報の提供

在宅・介護施設
・ 在宅医療における薬学的管理・指導
・ 医師、薬剤師、看護師、介護関係者間での連携
・ 入院や外来に移行する際の服薬状況等の患者情報の提供

出典：厚生労働省　第2回 薬局薬剤師の業務及び薬局の機能に関するワーキンググループ（https://www.mhlw.go.jp/content/11121 000/00091 0847.pdf）

◇ 資料2：医療分野のIoTの推進

医療分野のIoTデバイスは、今後さらに増えていくと予想されています。

▼世界のIoTデバイス数の推移及び予測

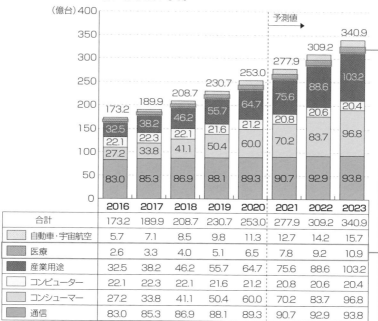

	2016	2017	2018	2019	2020	2021	2022	2023
合計	173.2	189.9	208.7	230.7	253.0	277.9	309.2	340.9
自動車・宇宙航空	5.7	7.1	8.5	9.8	11.3	12.7	14.2	15.7
医療	2.6	3.3	4.0	5.1	6.5	7.8	9.2	10.9
産業用途	32.5	38.2	46.2	55.7	64.7	75.6	88.6	103.2
コンピューター	22.1	22.3	22.1	21.6	21.2	20.8	20.6	20.4
コンシューマー	27.2	33.8	41.1	50.4	60.0	70.2	83.7	96.8
通信	83.0	85.3	86.9	88.1	89.3	90.7	92.9	93.8

▼分野・産業別の世界のIoTデバイス数及び成長率予測

医療分野のIoTデバイスは今後さらに増えていくと予想される

出典：総務省HP 令和3年版情報通信白書（https://www.soumu.go.jp/johotsusintokei/whitepaper/ja/r03/pdf/）

◇ 資料3：DX で薬局薬剤師が担う役割は変わっていく

データヘルス改革（➡p.21参照）によって、医療情報の共有が進みます。薬局においては、服薬アドヒアランス、治療効果の確認がデバイスを通じて行えるように。薬剤師は、データを基に患者の状態を把握し、服薬指導や患者フォローアップに活かしていくようになります。

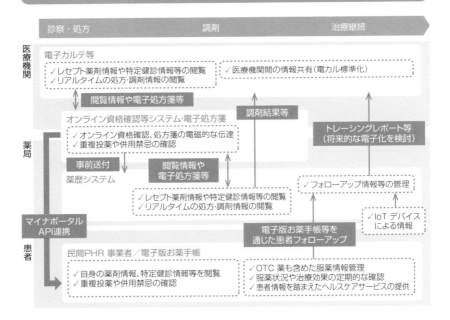

● 薬局薬剤師が担う業務
・重複投薬や併用禁忌チェックの自動化・リアルタイムの処方
・調剤情報を把握したうえでの、丁寧な服薬指導
・ICT を活用した対物業務の効率化による、服薬指導の時間の確保
・オンライン服薬指導を活用した効率的
・効果的フォローアップを実現し、服薬アドヒアランスを向上
・データをクラウド管理することにより、在宅訪問での薬学的管理をより容易に
・電子処方箋ネットワークを活用した、医療機関への効率的なフィードバック

出典：厚生労働省，第 2 回 薬局薬剤師の業務及び薬局の機能に関するワーキンググループ（https://www.mhlw.go.jp/content/11121000/000910847.pdf）

◇ 資料4：Society 5.0 と医療・介護

　医療DXよりも先の未来、日本が目指す社会の姿として**Society 5.0**が内閣府より提唱されています。医療・介護分野において、AIを用いて様々なビッグデータを解析し、ロボットによる生活支援、リアルタイムの健康診断、最適な治療の提供、医療・介護でのロボット支援などを通じて、個々の快適な生活を実現します。これにより、医療費や介護費の削減、人手不足の解決も可能になるかもしれません。

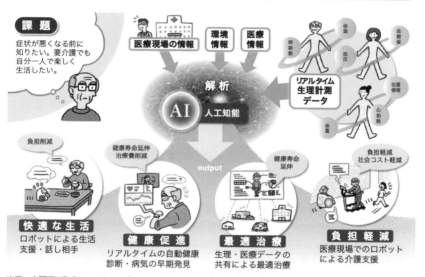

出典：内閣府 HP (https://www.8.cao.go.jp/cstp/society5_0/medical.html)

◇ 資料5：DX で薬局薬剤師に求められること

　　薬局薬剤師は、DXに向けた取り組みを把握し、その中で「自分に何が求められているか」を考える必要があります。

> 薬局薬剤師の業務及び薬局の機能に関するワーキンググループとりまとめ

> 薬剤師が地域で活躍するためのアクションプラン

薬局薬剤師 DX
- DX（デジタルトランスフォーメーション）とは、企業がビジネス環境の激しい変化に対応し、データとデジタル技術を活用して、顧客や社会のニーズを基に、製品やサービス、ビジネスモデルを変革するとともに、業務そのものや、組織、プロセス、企業文化・風土を変革し、競争上の優位性を確立することを意味している。単に業務のデジタル化を行うことや、それにより効率化を図るデジタライゼーションとは異なる概念である。
- 電子処方箋、オンライン服薬指導、マイナポータルを通じた各種医療情報の共有等のデジタル技術の進展や、諸外国の DX 動向を踏まえ、今後、薬局薬剤師の役割として、

　・医療情報基盤により充実する情報を活用した対人業務の質の向上
　・医療機関への効果的かつ効率的な情報フィードバック
　・ICT を活用した患者フォローアップの充実
　・患者ウェアラブル端末等から得られる情報も総合的に踏まえた新たなサービスの提供

　等が期待され、これにより薬局薬剤師 DX を進めていくことが求められる。

薬局薬剤師 DX の実現に向けた以下の取組等を進めていく必要がある。
(1) デジタルに係る知識・技術の習得
(2) 薬局薬剤師 DX に向けた活用事例の共有
(3) オンライン服薬指導
(4) 調剤後のフォローアップ
(5) データ連携基盤
(6) 薬歴の活用等
(7) 薬局内・薬局間情報連携のための標準的データ交換形式
(8) その他

出典：厚生労働省，薬局薬剤師の業務及び薬局の機能に関するワーキンググループのとりまとめ（https://www.mhlw.go.jp/content/11121000/000962998.pdf）

◇ 資料6：対人業務の充実

薬剤師の業務は対物業務から対人業務へとシフトしています。この変化を支えるための具体的な対策（**アクションプラン**）が提示されています。

「対人から対物へ」に向けたアクションプラン

基本的な考え方
- 薬局薬剤師の業務は、「処方箋受付時の業務」が主体であったが、「処方箋受付時以外の対人業務」の更なる充実が求められている。
- 対人業務の好事例を均てん化させる必要がある。

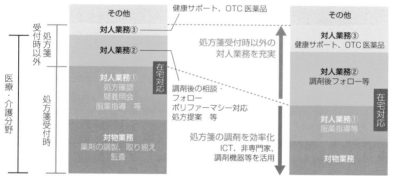

▼具体的な対策（アクションプラン）

（1）推進すべき対人業務
- 調剤後のフォローアップの強化
- 医療計画における5疾病（がん、脳卒中、心筋梗塞等の心血管疾患、糖尿病、精神疾患）
- リフィル指示された処方箋への対応 ➡ 手引きの作成、周知等
- 薬剤レビュー ➡ 推進に向けた対策を検討

（2）対人業務に必要な スキル習得
- 勉強会、症例検討会の開催・参加。地域の薬剤師会等が中心となり、地域の基幹病院等と連携するための対策を検討

（3）均てん化に向けた取組
- 好事例が全国的に普及するための方策や課題の収集・分析

※モデル事業等で実施された対人業務の好事例が均てん化していない。

出典：厚生労働省，薬局薬剤師の業務及び薬局の機能に関するワーキンググループとりまとめ～薬剤師が地域で活躍するためのアクションプラン～（https://www.mhlw.go.jp/content/11121000/000962998.pdf）

◇ 資料7：対物業務の効率化

今後、対物業務はより効率的に行われる必要があります。調剤業務の外部委託や、処方箋の枚数制限などを含めて検討されています。

対応方針、具体的な対策(アクションプラン)(例)

(1) 業務の一部外委託
・外部委託を検討する場合の考え方、対応方針を整理
　委託可能な業務：一包化（直ちに必要とするものを除く。）
　委託先：同一3次医療圏内の薬局
　安全性の確保：安全基準を設ける必要がある（EUのADDガイドラインが参考になるのではないか）。
※外部委託が法令上実施可能となった後に、安全性、地域医療への影響、薬局のニーズ等を確認し、必要に応じて見直しを行う。

(2) 処方箋の40枚規制（薬剤師員数の基準）
・単純な撤廃又は緩和では、処方箋の応需枚数を増やすために、対人業務が軽視される危険性がある。
・規制の見直しを検討する場合、診療報酬上の評価等も含め、対人業務の充実の方向性に逆行しないよう慎重に行うべき。
・一方、外部委託を進める場合は、規制が一部外部委託の支障とならないよう、必要な措置を講じるべき。

(3) その他業務の効率化
● 薬剤師以外の職員の活用（いわゆる0402通知）
　・実施可能な業務の範囲や要件について更なる整理が必要ではないか。
● 調剤機器の活用
　・精度管理（精度管理の手法を検討すべきではないか。）
　・箱出し調剤（課題の抽出等が必要ではないか。）
● 院外処方箋における事前の取決め（プロトコール）に基づく問合せ簡素化
　・医療機関の医師、薬剤師等の負担軽減、患者の迅速な医薬品の受取に繋がる。
　・薬連携の好事例であり、地域の薬剤師会が中心となり、病院薬剤師等と連携しながら、その導入を推進していくべき。

出典：厚生労働省，薬局薬剤師の業務及び薬局の機能に関するワーキンググループとりまとめ～薬剤師が地域で活躍するためのアクションプラン～（https://www.mhlw.go.jp/content/11121000/000962998.pdf）

◇ 資料8：後発医薬品の供給停止・限定出荷（2024年1月）

限定出荷・供給停止は合計26％（4,629品目）でした。

医薬品全体の対応状況

▼ 医薬品全体の対応状況※1

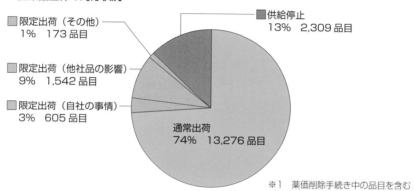

■ 限定出荷（その他）
　1%　173品目

■ 限定出荷（他社品の影響）
　9%　1,542品目

■ 限定出荷（自社の事情）
　3%　605品目

■ 供給停止
　13%　2,309品目

通常出荷
74%　13,276品目

※1　薬価削除手続き中の品目を含む

▼ 供給停止の理由※2

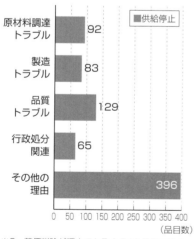

理由	品目数
原材料調達トラブル	92
製造トラブル	83
品質トラブル	129
行政処分関連	65
その他の理由	396

（品目数）

▼ 限定出荷の理由※3

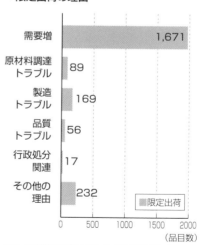

理由	品目数
需要増	1,671
原材料調達トラブル	89
製造トラブル	169
品質トラブル	56
行政処分関連	17
その他の理由	232

（品目数）

※2　薬価削除が理由である1,543品目は除く

※3　薬価削除が理由である86品目は除く

出典：厚生労働省，製造販売業者の対応状況—医薬品全体（令和6年1月）(https://www.mhlw.go.jp/content/10800000/001210756.pdf)

▼カテゴリー別:「供給停止」、「限定出荷の割合」

2024 年 1 月 調査結果	供給停止		限定出荷	
	銘柄数	構成比	銘柄数	構成比
先発品	106	5%	110	5%
長期収蔵品※	48	2%	141	6%
後発品	1,665	72%	1,634	70%
その他の医薬品※	490	21%	435	19%
合計	2,309	100%	2,320	100%

▼カテゴリー別:限定出荷の要因(自社事情、他社品の影響)分析

2024 年 1 月 調査結果	限定出荷							
	自社の事情		他社品の影響		その他		合計	
先発品	45	7%	41	3%	24	14%	110	5%
	41%		37%		22%		100%	
長期収蔵品※	31	5%	105	7%	5	3%	141	6%
	22%		74%		4%		100%	
後発品	393	65%	1,160	75%	81	47%	1,634	70%
	24%		71%		5%		100%	
その他の医薬品※	136	22%	236	15%	63	36%	435	19%
	31%		54%		14%		100%	
合計	605	100%	1,542	100%	173	100%	2,320	100%
	26%		66%		7%		100%	

●項目の定義

※長期収蔵品:後発品のある先発品

※そのほかの医薬品:局方品、漢方エキス剤、証約、生物製剤(ワクチン、血液製剤等)、承認が昭和 42 年以前の医薬品など

令和 5 年度厚生労働省医政局医薬産業振興・医療情報企画課委託事業「医療用医薬品供給情報緊急調査事業」

出典:厚生労働省,製造販売業者の対応状況—医薬品全体(令和 6 年 1 月)(https://www.mhlw.go.jp/content/10800000/001210756.pdf)

▼医薬品全体の出荷量の状況

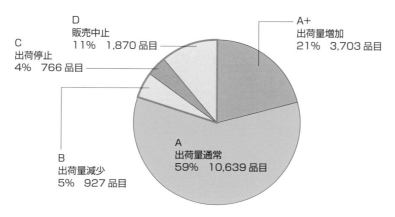

C
出荷停止
4% 766 品目

D
販売中止
11% 1,870 品目

A+
出荷量増加
21% 3,703 品目

A
出荷量通常
59% 10,639 品目

B
出荷量減少
5% 927 品目

	A+	出荷量増加	110%以上
	A	出荷量通常	90%以上 110%未満
	B	出荷量減少	90%未満
	C	出荷停止	出荷していない状況
	D	販売中止	薬価削除手続き中

出典：厚生労働省，製造販売業者の対応状況—医薬品全体（令和 6 年 1 月）（https://www.mhlw.go.jp/content/10800000/001210756.pdf）

資料9：デジタル技術に取って代わられる職業

米国において、「Pharmacy Technician（薬剤技師）」と呼ばれる調剤専門職は、デジタル化により代替される可能性が高いのに対し、薬剤師の仕事はその代替が困難であるとの研究報告があります。

将来的にデジタル技術に取って代わられる可能性のある職業

薬剤師	1.2%	⟷	薬剤技師	92%

Computerisable

Rank	Probability	Label	SOC code	Occupation
1.	0.0028		29-1125	Recreational therapists
2.	0.003		49-1011	First-line supervisors of mechanics, installers, and repairers
3.	0.003		11-9161	Emergency management directors
			.	
50.	0.01		39-5091	Makeup artists, theatrical and performance
51.	0.01		17-2121	Marine engineers and naval architects
52.	0.01		11-9033	Education administrators, postsecondary
53.	0.011		17-2141	Mechanical engineers
54.	0.012		29-1051	Pharmacists
55.	0.012		13-1081	Logisticians
			.	
558.	0.91		49-3021	Automotive body and related repairers
559.	0.91		51-7032	Patternmakers, wood
560.	0.91		51-4021	Extruding and drawing machine setters, operators, and
561.	0.92		43-9071	Office machine operators, except computer
562.	0.92		29-2052	Pharmacy technicians
563.	0.92		43-4131	Loan interviewers and clerks
564.	0.92		53-7031	Dredge operators
565.	0.92		41-3021	Insurance sales agents

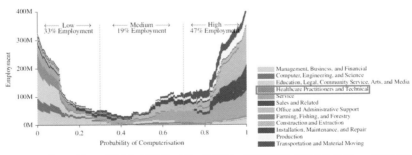

※米国雇用データを基に、職業特性（創造性、交渉、体の動き、勤務環境等）に基づきコンピュータ化による影響を推計

※ "Pharmacy technicians": 薬剤師の監督下、薬の計量や分包等の業務を行う。州により免許制か否かが異なる。

出典：Technological forecasting and social change Volume 114, January 2017, p254 280
厚生労働省，第2回 薬局薬剤師の業務及び薬局の機能に関するワーキンググループ（https://www.mhlw.go.jp/content/11121000/000910847.pdf）

◇ 資料10：オンライン資格確認の利用は増加している

医療のデジタル化の促進で、オンライン資格確認の利用件数は順調に増加しています。また、マイナ保険証の利用件数や、医療情報の閲覧件数も増加傾向にあります。

オンライン資格確認の利用状況（令和5年12月まで）

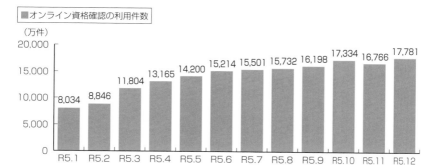

■オンライン資格確認の利用件数
（万件）

R5.1	R5.2	R5.3	R5.4	R5.5	R5.6	R5.7	R5.8	R5.9	R5.10	R5.11	R5.12
8,034	8,846	11,804	13,165	14,200	15,214	15,501	15,732	16,198	17,334	16,766	17,781

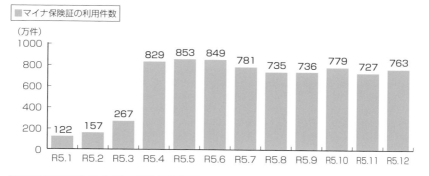

■マイナ保険証の利用件数
（万件）

R5.1	R5.2	R5.3	R5.4	R5.5	R5.6	R5.7	R5.8	R5.9	R5.10	R5.11	R5.12
122	157	267	829	853	849	781	735	736	779	727	763

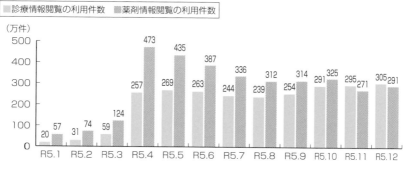

■診療情報閲覧の利用件数　■薬剤情報閲覧の利用件数
（万件）

	R5.1	R5.2	R5.3	R5.4	R5.5	R5.6	R5.7	R5.8	R5.9	R5.10	R5.11	R5.12
診療情報閲覧	20	31	59	257	269	263	244	239	254	291	295	305
薬剤情報閲覧	57	74	124	473	435	387	336	312	314	325	271	291

▼12月分実績の内訳

	合計	マイナンバーカード	保険証
病院	9,133,463	968,795	8,164,668
医科診療所	76,717,814	3,673,587	73,044,227
歯科診療所	12,095,006	1,139,873	10,955,133
薬局	79,866,965	1,851,158	78,015,807
総計	177,813,248	7,633,413	170,179,835

	特定健診等情報（件）	薬剤情報（件）	診療情報（件）
病院	229,037	230,217	298,667
以下診療所	1,044,802	1,998,855	1,807,395
歯科診療所	178,536	275,602	50,453
薬局	606,232	544,662	749,633
総計	2,058,607	3,049,336	2,906,148

※紙の保険証受診であってオンライン資格確認を利用しない場合も含めた資格確認総件数は、直近で約 2.46
億件（令和 5 年 6 月）

出典：厚生労働省，マイナ保険証の利用促進等について（https://www.mhlw.go.jp/content/12401000/
001193993.pdf）

◇ 資料 11：薬局 DX を実現するためのデジタル化の流れ

薬局DXの実現には、薬局内で利用する機器やツールのデジタル化はもちろん、薬剤師自身のITリテラシーの向上も必要不可欠です。薬局DXを実現するためのデジタル化の流れを、具体例を交えて確認していきましょう。

薬局DXを実現するためのデジタル化の具体的な流れ

①薬局のデジタル化の現状を把握する
　薬局ごとでデジタル化の進度は異なります。まずは薬局内のデジタル化の進度を確認するため、デジタルツールの導入状況などを把握します。

＜具体例＞
・デジタルツールの導入状況を確認　　　・業務フローの確認
・システム環境の確認　　　　　　　　　・従業員の IT リテラシーの確認

②デジタル化によって実現したい目標を設定
　薬局のデジタル化の現状が把握できたら、デジタル化によって実現したい目標を設定します。

＜具体例＞
・電子薬歴導入による薬歴作成業務の効率化
・処方箋予約システム導入による患者利便性の向上と新規顧客獲得
・オンライン服薬指導ツール導入による患者利便性の向上と新規顧客獲得
・ホームページや SNS による広告宣伝と新規顧客獲得
・発注システム導入による発注業務の効率化と在庫の適正化
・キャッシュレス決済や自動精算機などの会計システムの導入による患者利便性の向上
・DI 取得ツール導入による薬剤師の知識・情報アップデートの効率化

③具体的な取り組み
　目標が設定できたら、目標達成に必要なデジタルツールの選定・導入などの具体的な取り組みを進めていきます。

＜具体例＞
・目標達成に必要なデジタルツールの選定・導入
・導入したデジタルツールと使用方法などを従業員に周知
・患者向けに導入したツールは、利用促進のため店舗内やホームページ、SNS などで広く周知
・従業員の IT リテラシー向上のための教育

資料 12：海外の薬局 DX の状況

多くの国で電子処方箋や処方情報の共有が既に行われており、薬局DXのための基盤整備が進んでいます。

海外における薬局DXの事例

#	国	人口	医療制度	医療情報基盤			電子処方箋・処方チェック		
				名称	運営主体	運営費用負担	電子処方箋の実施有無	処方チェックの有無	備考
1	エストニア	132万人	・税方式による皆保険制度。 ・税保険者は単一でエストニア健康保険基金（EHIF*）。	エストニア医療情報交換基盤（HIE*）	e ヘルス財団（電子処方箋はエストニア健康保険基金が構築・運営）	制度運営者	○	—	・e ヘルス財団は、エストニア社会省、北エストニアメディカルセンター、医療関連団体等が2005年に設立。 ・2008年12月にエストニア医療情報交換基盤を開始。
2	韓国	5,178万人	・保険者は単一で国民健康保険公団（NHIC*）。 ・保険の審査は、健康保険審査評価院（HIRA*）が行う。	HIRA システム	健康保険審査評価院 HIRA（公的機関）	健康保険審査評価院（制度運営者）	—	○	・DUR*システムにて各医療機関、薬局は処方箋発行及び調剤前に処方チェックを行っている。
3	台湾	2,360万人	・保険者は単一で全民健康保険。	NHI MediCloud System	台湾衛生福利部中央健康保険署	政府（制度運営者）	—	△	・台湾のほとんどの医療機関がNHI MediCloud Systemを活用し、処方時に参照することで重複投薬等をチェック（2013年に構築）。
4	カナダ	3,789万人	・国民皆保険制度（メディケア）	各州が運営するEHRシステム。	各州政府	連邦政府及び州政府（制度運営者）	○	—	・政府組織のCanada Health Infowayが各州と協力してEHRの構築を推進。

＊**EHIF** Haigekassain Estonia の略。
＊**HIE** Estonian National HealthInformation Exchange の略。
＊**NHIC** National Health Insurance Corporation の略。
＊**HIRA** Health Insurance Review & Assessment Service の略。
＊**DUR** Drug Utilization Review の略。

#	国	人口	医療制度	医療情報基盤 名称	医療情報基盤 運営主体	運営費用負担	電子処方箋の実施有無	処方チェックの有無	備考
5	英国	6,680万人	・公的医療サービスを税金で運営する国民保健医療サービス（NHS*）が提供している。	NHSデジタル提供のシステム	政府（NHSデジタル）	政府（制度運営者）	○	—	—
6	フィンランド	551万人	・国民皆保険制度。・国民健康保険(NHIを社会保険庁KELA)が運営。	KanTa	社会保険庁（KELA）」	政府（制度運営者）	○	—	・処方及び調剤情報の100%が電子化・2007年にKanTaを構築。・2017年に電子処方箋を義務化。
7	デンマーク	581万人	・医療費は原則として税金により賄われ無料。	Sundhed.dk	政府	政府（制度運営者）	○	—	・2002年にe Prescriptionを展開。
8	スウェーデン	1,022万人	・税方式による公営保険・医療サービス。	NPO*	政府（eHealth agency：保健・社会政策省配下の機関）	政府（制度運営者）	○	—	—
9	米国	32,775万人	・民間の保険による医療保障が中心。・公的医療はメディケア及びメディケイド。	全米医療情報ネットワーク(NHIN)	政府（保健福祉省のONC*）（電子処方箋の運営主体は民間）	ONC（電子処方箋の費用負担は民間）	○（民間主体）	○（民間主体）	・国内の電子処方箋システムの大部分を担うのは民間（電子処方箋取扱最大手はSureScriptsという民間企業）

出典：厚生労働省，第2回 薬局薬剤師の業務及び薬局の機能に関するワーキンググループ（https://www.mhlw.go.jp/content/11121000/000910847.pdf）

*NHS　National Health Service の略。
*NPO　National Patient Overview の略。
*ONC　Office of the National Coordinator for Health IT の略。

◇ 資料13:海外におけるDX先行事例（リアルワールドデータ活用）

　　オンライン資格確認システムによる医療介護データの連携拡大が医療関係者間の情報格差を解消し、薬局薬剤師には患者の実際のデータを収集し活用する役割が期待されています。

自宅で患者フォローアップを可能とするプラットフォーム例

薬の自動処方と服薬アドヒアランス情報共有　　　　　　　　　　オンライン診療・服薬指導

バイタルデータ取得　　　　　　　　　　　　　　　　　　　　オンライン治験活用

出典：厚生労働省，第2回 薬局薬剤師の業務及び薬局の機能に関するワーキンググループ（https://www.mhlw.go.jp/content/11121000/000910847.pdf）

◇ 資料14：海外におけるDX先行事例（薬局・薬剤師の将来像と人材育成）

　海外では、薬剤師にはデジタル技術への習熟と患者中心のフォローアップを通じたデータベース薬学管理が期待され、これを支えるための継続教育や人材育成の見直しが必要とされています。

未来の薬剤師像と準備状況

▼岐路に立つ未来の薬剤師（提言ポイント）　～処方薬の配布から患者ケアの最適化へ～

- **プライマリーケア**
  慢性疾患の管理、予防と健康、メンタルヘルスのサポート、高齢化社会におけるケアサービスの補完・拡張
- **専門医療**
  がん、細胞・遺伝子治療、希少疾患などの専門領域の薬物療法の専門性知見の発揮
- **デジタルヘルス**
  個別診断への情報アクセス提供、デジタル治療薬の処方、顧客がニーズに合ったデジタルヘルスツールの特定支援。医療機器や健康アプリの設定支援や得られるデータ解釈
- **公衆衛生分析**
  臨床判断支援と集団健康分析のためのアルゴリズム開発、地域の健康改善するプログラム設計するための分析的役割

出典：Delloit 'The pharmacist of the future'（2021）　※ 枠内文書は出典を和訳したもの。

▼2026年に向けて所属薬剤部スタッフの準備状況に関する回答

項目	準備状況
服薬調整の実施、薬歴作成、健康記録からデータ抽出によるケアサービス提供	73%
ウェアラブルや遠隔健康管理アプリなど、遠隔で得られたデータを活用した慢性疾患管理	66%
デジタル・AI技術による投薬管理	51%
デジタルデバイドなど医療格差に配慮した高度データ分析活用	82%

出典：ASHP（全米病院薬剤師協会）forecast 2022 を基に厚労省作成（準備状況は準備できている、ある程度準備できていると回答した比率の合計）

出典：厚生労働省，第2回 薬局薬剤師の業務及び薬局の機能に関するワーキンググループ（https://www.mhlw.go.jp/content/11121000/000910847.pdf）

あとがき

本書を手に取っていただきありがとうございます。

薬局業界はいままさに変革の時期に突入しています。近年最大のトレンドワードである「対人業務の充実」に加え、オンライン服薬指導の普及、オンライン資格確認や電子処方箋のスタートといったDX（デジタルトランスフォーメーション）の波が薬局業界にも押し寄せています。そして、その勢いは今後ますます増大していくことでしょう。

本書では、薬局におけるDXの必要性から具体的な事例に至るまでを取り上げていますが、薬局DXはまだまだ始まったばかりです。今後、薬局DXを進めていく道のりには、多くの新たな課題や可能性が待ち受けていることでしょう。その中で、薬局が、薬局薬剤師が、より良い薬物治療や健康に関する様々なサービスを提供していくためには、ＤＸの波を恐れず、十分な知識と情報をもって進んでいく必要があります。

本書が薬局薬剤師や薬局経営者の皆様にとって、ＤＸという波を乗りこなし、未来に向けて前進するための一助となれば幸いです。

著者を代表して　淺沼　晋

索引

参考文献

- 中村恵二, 野末睦 著, 改革・改善のための戦略デザイン 病院DX (秀和システム刊)
- 武藤正樹 著, 医療・介護DX ～コロナデジタル敗戦からAIまで～ (日本医学出版刊)
- ITvision No.47 「医療DX」で何が変わる / 放射線部門のサスティナビリティを向上するデジタル戦略
- ITvision No.48 医療DXで実現する働き方改革 / 最新技術で「絆」が強まる地域医療連携
- 康永秀生 著, 医療・ヘルスケアのためのリアルワールドデータ活用：ビッグデータの研究利用とビジネス展開
- 大江和彦, 日本周産期・新生児医学会雑誌, 2023年 58巻 4号 p.601-603
- 第3回医療DX推進本部幹事会資料, (https://www.cas.go.jp/jp/seisaku/iryou_dx_suishin/pdf/dai3_kanjikai.pdf)
- 総務省HP, デジタル・トランスフォーメーション (https://www.soumu.go.jp/johotsusintokei/whitepaper/ja/r03/html/nd112210.html)
- 厚生労働省, 医師・歯科医師・薬剤師統計の概況 (https://www.mhlw.go.jp/toukei/saikin/hw/ishi/20/dl/R02_1gaikyo.pdf)
- 令和2 (2020) 年 医師・歯科医師・薬剤師統計の概況 (厚生労働省) (https://www.mhlw.go.jp/toukei/saikin/hw/ishi/20/index.html)
- 厚生労働省：オンライン資格確認雄導入で事務コストの削減とより良い医療の提供を～データヘルスの基盤として～ 【医療機関・薬局の方々へ】(令和5年4月) より
- 公益社団法人日本薬剤師会が提供する電子お薬手帳相互閲覧サービス
- 厚生労働省「患者のための薬局ビジョン 概要」より抜粋 (https://www.mhlw.go.jp/stf/houdou/0000102179.html)
- Mordor Intelligence「グローバルテレファーマシー市場規模」(https://www.mordorintelligence.com/ja/industry-reports/telepharmacy-market/market-size)
- 公益社団法人日本薬剤師会 薬剤使用期間中の患者フォローアップの手引き (https://www.nichiyaku.or.jp/assets/uploads/pharmacy-info/followup_1.2.pdf)
- 2023年版 中小企業白書 (https://www.chusho.meti.go.jp/pamflet/hakusyo/2023/PDF/chusho.html)
- 国立大学法人千葉大学 編, 介護・医療・福祉 ITパスポート 教科書

●著者紹介（掲載順）

雑賀　智也（さいか　ともや）

株式会社カケハシ Patient Engagement Medical Science。メディカルライターズネット代表。千葉大学客員研究員。メディカルライター、薬剤師。東京大学大学院公共健康医学専攻修了（MPH）。メディカルライターズネットでは、正しい医学情報の普及啓発をテーマに活動している。著書に『よくわかる公衆衛生学の基本としくみ（第2版）』、『看護の現場ですぐに使える地域包括ケアのキホン（第3版）』などがある。

髙尾　理雄（たかお　みちお）

東京大学　大学院医学系研究科　医学部　皮膚科学　研究員／MBA（経営学修士）／病院経営スペシャリスト／Start up Adviser。半導体製造装置メーカーに新卒入社し、その後2004年にシャープに転職し、ドラッグストアに特化したSI営業に従事。その後、CACクロアに入社、新薬開発業務のBPO営業に従事。翌年には株式会社CMMを設立し、調剤薬局の業務コンサルティングを主として起業。コニカミノルタジャパンでも、ソリューションビジネス事業を立上げ、勤務しながら、サラリーマンとしての活動と会社社長としての活動を両立し、複業家として活動を本格化。2018年には福岡市を中心に調剤薬局を展開する株式会社大賀薬局に入社し、新規事業部長として着任。後に、社長室長兼人材戦略部長を担う。現在は、へき地医療対策、遠隔医療の社会実装や地域医療提供体制（地域医療ＤＸ推進など）の政策提言・学会発表など、幅広く活動。

淺沼　晋（あさぬま　すすむ）

マルハチメディカル合同会社／マルハチ薬局　代表、東京都小笠原村母島出身、東邦大学薬学部卒業、薬剤師。離島医療、地域医療への貢献を目指し、東京都江東区でマルハチ薬局を運営。著書に『薬局の現場ですぐに役立つ　服薬指導のキホン』『薬局の現場ですぐに役立つ　薬局業務のエッセンス』『薬局の現場ですぐに役立つ　実践で学ぶ！ 薬局の英会話』『薬局の現場ですぐに役立つ　速習！ 薬局の薬理学』『薬局の現場ですぐに役立つ　実践で学ぶ！薬物動態学』（以上秀和システム）などがある。

飯田　慎也（いいだ　しんや）

調剤薬局薬剤師。医学博士。
北海道生まれ。東北大学薬学部総合薬学科卒業後、東北大学大学院医学研究科医科学専攻修士課程、同博士課程修了（病理学博士）。博士課程修了後、大手薬局チェーンに就職し、現在に至る。

植村　卓哉（うえむら　たくや）

株式会社カケハシ　マーケティングマネージャー。薬局経営者向けコンテンツの企画・発信やコミュニティ推進チームのマネジメントを担当。前職、楽天グループ株式会社ではマーケティングや新規事業立ち上げに従事。30歳で脳出血を発症し半身麻痺の障害が残る。一年間の闘病・リハビリ期間を通じ、日本の医療への感謝と貢献意欲を胸に現職に至る。一般社団法人脳フェス実行委員会理事。東京大学大学院農学生命科学研究科生圏システム学専攻修了（農学修士）。

改革・改善のための戦略デザイン

薬局DX

発行日	2024年4月1日　　　　　第1版第1刷

著　者　雑賀　智也／髙尾　理雄／淺沼　晋／
　　　　飯田　慎也／植村　卓哉

発行者　斉藤　和邦
発行所　株式会社　秀和システム
　　　　〒135-0016
　　　　東京都江東区東陽2-4-2　新宮ビル2F
　　　　Tel 03-6264-3105（販売）Fax 03-6264-3094
印刷所　三松堂印刷株式会社　　　　Printed in Japan

ISBN978-4-7980-7059-9 C0034

改革・改善のための戦略デザインシリーズ

プロジェクト成功の
ロードマップが描ける!

経営者や一般の読者向けに、病院業務における病院DXについて具体的に解説した業界標準の指南書です。病院・医療業界の現状と課題、「コロナ禍が後押しした病院DX」「在宅医療とDX」などの最新事例や成長のための戦略デザインなどが満載です。

改革・改善のための戦略デザイン
病院DX

著者 野末睦／中村恵二
定価 1650円(本体1500円+税10%)
ISBN 978-4-7980-6526-7

ICT機器で効率化&
サービスの質を向上できる!

介護事業におけるDXについて先行事例をあげながら具体的に解説した指南書です。事務作業のペーパーレス化、見守りや感染症対策への活用、従業員の教育・研修方法、補助金等の活用などDXの具体的なイメージがつかめます。

改革・改善のための戦略デザイン
介護事業DX

著者 齋藤直路
定価 1650円(本体1500円+税10%)
ISBN 978-4-7980-6792-6

本質を捉えた目的指向で
成果につながる改革を実現

物流におけるDXについて先行事例をあげながら具体的に解説した指南書です。DXの本質、データドリブン経営の実践手順、テーマ別物流DX、デジタル基盤の構築など具体的なイメージがつかめます。さらに作業生産性の向上、在庫削減など先行事例も満載です。

改革・改善のための戦略デザイン
物流DX

著者 大川口隼人／吉田幹朗／
秋川健次郎
定価 1870円(本体1700円+税10%)
ISBN 978-4-7980-6732-2

4つの「X」で実現する
地域活性のシナリオ!

観光業におけるDXについて先行事例をあげながら具体的に解説した指南書です。なぜいまDXなのか、観光業の現状と課題、エリア別AX、BX、CX、DXの展開、成功するプロジェクトの進め方など具体的なイメージがつかめます。都道府県別の最先端事例も満載です。

改革・改善のための戦略デザイン
観光業DX

著者 廣川州伸
定価 1760円(本体1600円+税10%)
ISBN 978-4-7980-6737-7

最新技術と成功するプロ
ジェクトの進め方がわかる!

小売業におけるDXについて先行事例をあげながら具体的に解説した指南書です。店舗で改札に通る感覚のウォークスルー店舗で異次元の買い物体験を実現(ダイエー)」など関係各社の取り組みを具体例をまじえてわかりやすく解説します。DX戦略について具体的なイメージがつかめます。

改革・改善のための戦略デザイン
小売業DX

著者 宮里隆司
定価 1650円(本体1500円+税10%)
ISBN 978-4-7980-6529-8

日本の農業のDXの現況や
動向がわかる!

農業におけるDXについて先行事例をあげながら具体的に解説した指南書です。アグリテックと農業DXの先進事例、営農ソリューションポータルサイト、IoT技術を活用した生産システムなど関係各社の取り組みを具体例をまじえてわかりやすく解説します。

改革・改善のための戦略デザイン
農業DX

著者 片平光彦／中村恵二／榎木由紀子
定価 1650円(本体1500円+税10%)
ISBN 978-4-7980-6738-4

先進IT技術を活用した
業務プロセスがわかる!

金融業におけるDXについて先行事例をあげながら具体的に解説した指南書です。SMBCグループのチャットボットの活用、みずほFGのJコインとデジタル社債、など関係各社の取り組みを具体例をまじえてわかりやすく解説します。ポストコロナ時代に成長していくためのDX戦略がわかります。

改革・改善のための戦略デザイン
金融業DX

著者 平木恭一
定価 1650円(本体1500円+税10%)
ISBN 978-4-7980-6528-1

トップ企業から中小まで
DX成功事例に学ぶ!

外食業におけるDXについて先行事例をあげながら具体的に解説した指南書です。一家ダイニングプロジェクトの集客解決例、三井不動産とフォーユーによるサブスク導入、串カツ田中のデリバリーオーダーとイートインの両立、あきんどスシローのテイクアウトニーズの取り組みなどがわかります。

改革・改善のための戦略デザイン
外食業DX

著者 三輪大輔
定価 1650円(本体1500円+税10%)
ISBN 978-4-7980-6524-3